Tus estudios de música, un abanico de posibilidades profesionales

Primera edición: septiembre de 2024

Del texto: © Joaquín Castells Canet

De esta edición: © Ediciones Pangea, 2024
41720 Los Palacios y Villafranca, Sevilla
www.edicionespangea.com

Edición al cuidado de José Peña Fierro
Composición de cubierta: Vicent Dolçura

ISBN: 978-84-128804-2-7
Depósito Legal: SE 2028-2024

Impresión: Ulzama Digital
Impreso en España / *Printed in Spain*

Joaquín Castells Canet

Tus estudios de música, un abanico de posibilidades profesionales

·EDICIONES·PANGEA·

ÍNDICE

93 · Títulos y Diplomas correspondientes a las Enseñanzas Profesionales de Música

95 · Como requisito para la adquisición de nueva especialidad de Música del Cuerpo de Maestros/as (Decreto adquisición nuevas especialidades)

96 · Como título complementario habilitante para el desempeño en régimen de interinidad del Cuerpo de Maestros/as (Música)

98 · Como título que cualifica-capacita a los Maestros/as para impartir Música en Centros Privados de Educación Infantil y Educación Primaria

99 · Como titulación complementaria habilitante para el desempeño en régimen de interinidad del Cuerpo de Profesores de Enseñanza Secundaria (Música)

100 · Como titulación complementaria, que cualifica-capacita al profesorado para ejercer la docencia en Centros Privados de Educación Secundaria Obligatoria (ESO)

102 · Como requisito de titulación complementaria para el acceso en régimen de interinidad a la especialidad de Educación Postural en Conservatorios Superiores de Música

103 · Como mérito para el acceso como funcionario de carrera de los Cuerpos Docentes No Universitarios

105 · Como titulación habilitante para el acceso a diversos puestos de trabajo de las Administraciones Públicas (directores/as y profesores/as de escuelas municipales de música, Escala de Suboficiales y Reservistas Voluntarios del Cuerpo de Músicas Militares, directores/as y profesores/as de bandas municipales de música)

113 · Como equivalente al TÍTULO DE BACHILLER a efectos profesionales (laborales)

114 · Títulos y Diplomas correspondientes a las Enseñanzas Superiores de Música

118 · Como requisito para la adquisición de nueva especialidad de Música del Cuerpo de Maestros/as (Decreto adquisición nuevas especialidades)

119 · Como titulación complementaria habilitante para el desempeño en régimen de interinidad del Cuerpo de Maestros/as (Música)

121 · Como título que cualifica-capacita a los Maestros/as para impartir Música en Centros Privados de Educación Infantil y Educación Primaria

PRÓLOGO

El desarrollo de esta labor de investigación ha sido un hilo conductor en mi desempeño profesional, tanto que se ha integrado a lo largo de todos estos años en mi quehacer diario personal y social, puesto que se ha elaborado con la intención del mayor provecho y ayuda de todos los implicados e interesados en esta disciplina que es la Música, siempre pensando en el actual alumnado, que en un futuro tendrá este mundo en sus manos.

EL AUTOR

INTRODUCCIÓN

El presente trabajo es el resultado de un largo periodo de investigaciones y recopilación de información relacionada con las posibilidades laborales de la formación que procuran los estudios musicales por sí mismos y como adjuntos o complementarios a otra formación académica.

Esta inquietud surgió al observar la necesidad del alumnado no solo en orientación académica, sino al respecto de sus expectativas laborales, además de que la interconexión entre ambos mundos evidenciaba cuánto se precisaba capacitar en habilidades para la empleabilidad que la sociedad en constante evolución exigía y exige. En la actualidad, se hace aún más necesaria esta información por cuanto en este momento en nuestro país, según datos del Ministerio de Educación, hay 689 centros públicos y privados que imparten enseñanzas musicales, 14 000 docentes y 140 000 estudiantes.

Con este incentivo, se ha tratado de proporcionar a los interesados una exhaustiva relación de cuanta casuística pueda darse en sus circunstancias; esto, además de proporcionar una amplia visión más allá de los horizontes puramente musicales, como es el caso de los puestos de trabajo no musicales en las Administraciones Públicas.

Esta recopilación se encuentra estructurada en dos grandes capítulos: en el primero, se exponen las titulaciones musicales de los distintos planes de estudio con sus correspondientes equivalencias, incluyendo en este apartado el de la Escuela Superior de Canto de Madrid y los Centros Superiores de Enseñanzas Eclesiásticas de la Iglesia Católica. Como información relevante, se puede encontrar en este capítulo información sobre el SET y MECES. Y en el segundo, se detallan las posibilidades laborales que ofrecen cada uno de estos títulos. Toda la información recogida en este capítulo se completa con convocatorias y regulaciones de acceso según administraciones y comunidades autónomas.

Por último, indicar que, al final de este trabajo, es posible encontrar información para poder investigar sobre el tratamiento en los tribunales de justicia de los litigios que hayan podido haber en lo referente a las titulaciones musicales. También se han incorporado direcciones para consultar ofertas de trabajo y referencias legislativas.

Nota: A la fecha de publicación del presente trabajo, ha sido aprobada y publicada en el Boletín Oficial del Estado con fecha 8 de junio la Ley de Enseñanzas Artísticas y se encuentra en trámite parlamentario la Ley de la Función Pública. Todo ello en la posterior fase de desarrollo de ambas podría incluir novedades sobre los cuerpos docentes, requisitos de acceso a puestos de trabajo y categorías laborales.

CC/AM

MINISTERIO
DE
EDUCACION

Y

CIENCIA

cción de Enseñanza General de la Música

Con esta fecha el Ilmo. Sr. Subsecretario de Educación y Ciencia, por delegación del Excmo. Sr. Ministro, ha resuelto lo siguiente:

"De acuerdo con lo solicitado por el interesado y con el informe emitido por la Real Academia de Bellas Artes de San Fernando de Madrid, y en cumplimiento de lo preceptuado por la disposición transitoria quinta de Reglamentación General de los Conservatorios de Música (Decreto 2618/1966, de 10 de septiembre),

ESTE MINISTERIO ha resuelto conceder la dispensa de titulación académica a D.   para poder impartir las enseñanzas de   en Centros públicos y privados".

Lo que traslado a V. para su conocimiento y efectos.

Dios guarde a V.

Madrid, 17 de diciembre de 1981.

EL JEFE DE LA SECCION,

Fdo: Mª Concepción Caro.

MINISTERIO DE EDUCACION
1 8 DIC. 1981
Sección de Enseñanza General de la Música
SALIDA

23

Ley Orgánica 1/1990, de 3 de octubre, de Ordenación General del Sistema Educativo (LOGSE)
(BOE de 4 de octubre de 1990).

La Ley recoge en su articulado las siguientes titulaciones:

Título de Bachiller
Artículo 41.2. Los alumnos que hayan terminado el tercer ciclo del grado medio obtendrán el título de Bachiller si superan las materias comunes del Bachillerato.

Certificado de Grado Elemental
Artículo 42.1. Al término del grado elemental se expedirá el correspondiente certificado.

Título Profesional de Música o Danza
Artículo 42.2. La superación del tercer ciclo del grado medio de música o danza dará derecho al título profesional de la enseñanza correspondiente.

Título Superior de Música o Danza
Artículo 42.3. Quienes hayan cursado satisfactoriamente el grado superior de dichas enseñanzas tendrán derecho al título superior en la especialidad correspondiente, que será equivalente a todos los efectos al título de Licenciado Universitario.

Doctorado
Artículo 42.4. Las Administraciones educativas fomentarán convenios con las universidades a fin de facilitar la organización de estudios de tercer ciclo destinados a los titulados superiores a que se refiere el apartado anterior.

Títulos y Diplomas equivalentes
al Título Superior de Música LOGSE

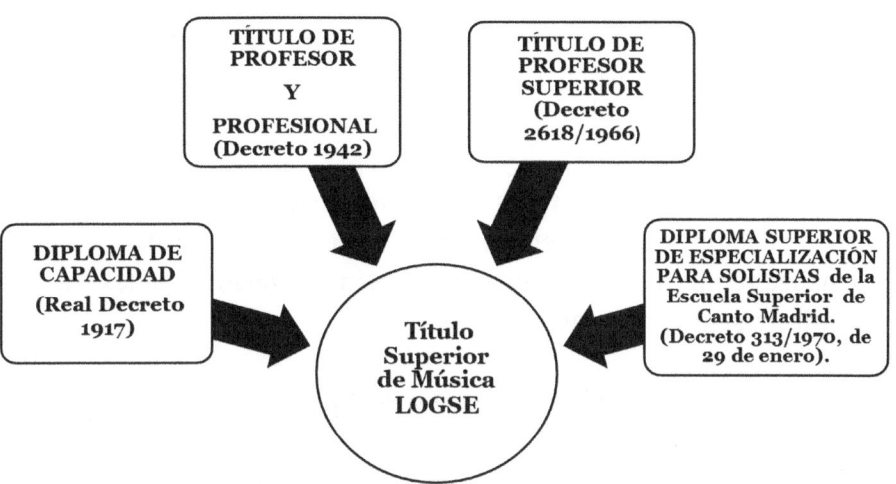

Más información de interés:

REAL DECRETO 1542/1994, del 8 de julio, por el que se establecen las equivalencias de los títulos anteriores a la LOGSE y los establecidos en la nueva Ley.

(BOE del 9 de agosto de 1994).

REAL DECRETO 1120/2000, de 16 de junio, por el que se establecen las equivalencias entre los Diplomas acreditativos de los estudios realizados en la Escuela Superior de Canto de Madrid y los títulos establecidos en la Ley Orgánica 1/1990, de 3 de octubre, de Ordenación General del Sistema Educativo.

(BOE de 5 de julio de 2000).

Ley Orgánica 2/2006, de 3 de mayo, de Educación (LOE)
(BOE de 4 de mayo de 2006).

La Ley recoge en su articulado las siguientes titulaciones:

Título de Bachiller
Artículo 37.4. También podrán obtener el título de Bachiller en la modalidad de Artes quienes hayan superado las Enseñanzas Profesionales de Música o de Danza y las materias comunes del bachillerato.

Enseñanzas Elementales de Música y de Danza
Artículo 48.1. Las enseñanzas elementales de música y de danza tendrán las características y la organización que las Administraciones educativas determinen.

Título Profesional de Música o de Danza
Artículo 50.1. La superación de las Enseñanzas Profesionales de Música o de Danza dará derecho a la obtención del título profesional correspondiente.

Artículo 50.2. El alumnado que finalice las enseñanzas profesionales de música o danza podrá obtener el título de Bachiller en su modalidad de Artes en las condiciones establecidas en el apartado cuatro del artículo 37 de esta Ley.

Título de Grado en Enseñanzas Artísticas Superiores de Música o de Danza
Artículo 54.3. El alumnado que haya superado los estudios superiores de Música o de Danza obtendrá el Título de Grado en Enseñanzas Artísticas Superiores de Música o Danza en la especialidad que corresponda, que será equivalente, a todos los efectos, al título universitario de Grado. Siempre que la normativa aplicable exija estar en posesión del título universitario de Grado, se entenderá que cumple este requisito quien esté en

posesión del Título de Grado en Enseñanzas Artísticas Superiores de Música o Danza.

Nota: La autonomía que permite la LOE a las Comunidades Autónomas sobre la regulación de las Enseñanzas Elementales de Música o de Danza ha posibilitado que CC.AA. como Madrid o Andalucía expidan al alumnado que ha finalizado estos estudios el correspondiente Título, mientras el resto de Comunidades la Certificación o Certificado.

Las posteriores Leyes Educativas LOMCE (2013) y LOMLOE (2020) no han modificado lo que establece la LOE sobre las Enseñanzas Elementales de Música o de Danza.

Ley Orgánica 8/2013, de 9 de diciembre, para la mejora de la calidad educativa (LOMCE)

(BOE de 10 de diciembre de 2013).
(Disposición Derogada por la Ley Orgánica 3/2020, de 29 de diciembre – LOMLOE).

La Ley Orgánica 2/2006, de 3 de mayo, de Educación, se modifica en los siguientes términos:

Título de Técnico de las Enseñanzas Profesionales de Música o de Danza

Cuarenta. El artículo 50 queda redactado de la siguiente manera:

1. La superación de las Enseñanzas Profesionales de Música o de Danza dará derecho a la obtención del título de Técnico correspondiente.

Título de Bachiller

Cuarenta. El artículo 50 queda redactado de la siguiente manera:

2. El alumnado que se encuentre en posesión de un título de Técnico de las Enseñanzas Profesionales de Música o de Danza podrá obtener el título de Bachiller por la superación de la evaluación final de Bachillerato en relación con las materias del bloque de asignaturas troncales que como mínimo se deban cursar en la modalidad y opción que escoja el alumno o alumna.

Título Superior de Música o Danza

Cuarenta y dos. El apartado 3 del artículo 54 queda redactado de la siguiente manera:

3. Los alumnos y alumnas que hayan terminado los estudios superiores de Música o de Danza obtendrán el título Superior de Música o Danza en la especialidad de que se trate, que queda incluido a todos los efectos en el nivel 2 del Marco Español de

Cualificaciones para la Educación Superior y será equivalente al título universitario de grado. Siempre que la normativa aplicable exija estar en posesión del título universitario de Grado, se entenderá que cumple este requisito quien esté en posesión del título Superior de Música o Danza.

Ley Orgánica 3/2020, de 29 de diciembre, por la que se modifica la Ley Orgánica 2/2006, de 3 de mayo, de Educación (LOMLOE)
(BOE de 30 de diciembre de 2020).

La Ley recoge en su articulado las siguientes titulaciones:

Título de Bachiller
Artículo 37.4. También podrán obtener el título de Bachiller en la modalidad de Artes quienes hayan superado las Enseñanzas Profesionales de Música o de Danza y las materias comunes del bachillerato.

Título Profesional de Música o de Danza
Articulo 50.1. La superación de las Enseñanzas Profesionales de Música o de Danza dará derecho a la obtención del título profesional correspondiente.

Título de Grado en Enseñanzas Artísticas Superiores de Música o de Danza
Artículo 54.3. El alumnado que haya superado los estudios superiores de Música o de Danza obtendrá el Título de Grado en Enseñanzas Artísticas Superiores de Música o Danza en la especialidad que corresponda, que será equivalente, a todos los efectos, al título universitario de Grado. Siempre que la normativa aplicable exija estar en posesión del título universitario de Grado, se entenderá que cumple este requisito quien esté en posesión del Título de Grado en Enseñanzas Artísticas Superiores de Música o Danza.

Decreto 313/1970, de 29 de enero, por el que se crea una Escuela Superior de Canto en Madrid.
(BOE de 16 de febrero de 1970).

El Decreto recoge en su articulado los siguiente títulos (diplomas):

Artículo segundo. Las enseñanzas de la Escuela habilitarán para obtener los siguientes diplomas:

Diploma de Cantante de Conjunto Coral.

Diploma de Cantante de Ópera.

Diploma Superior de Especialización para Solistas.

Diploma de Cantante de Conjunto Coral
Equivalencia del Diploma de Cantante de Conjunto Coral con el Título Profesional de Música LOGSE

(Extracto) REAL DECRETO 1120/2000, de 16 de junio, por el que se establecen las equivalencias entre los Diplomas acreditativos de los estudios realizados en la Escuela Superior de Canto de Madrid y los títulos establecidos en la Ley Orgánica 1/1990, de 3 de octubre, de Ordenación General del Sistema Educativo.
(BOE de 5 de julio de 2000).

Artículo 3. Equivalencia del Diploma de Cantante de Conjunto Coral.

El Diploma de Cantante de Conjunto Coral, expedido al amparo del Decreto 313/1970, de 29 de enero, se declara **equivalente al título profesional de Música, en la especialidad de Canto**, a que se refiere el artículo 42.2 de la Ley Orgánica 1/1990, de 3 de octubre.

Diploma de Cantante de Ópera
Equivalencia del Diploma de Cantante de Ópera para impartir Enseñanzas de Música LOGSE

(Extracto) REAL DECRETO 1120/2000, de 16 de junio, por el que se establecen las equivalencias entre los Diplomas acreditativos de los estudios realizados en la Escuela Superior de Canto de Madrid y los títulos establecidos en la Ley Orgánica 1/1990, de 3 de octubre, de Ordenación General del Sistema Educativo.

(BOE de 5 de julio de 2000).

Artículo 2. (Artículo derogado por el R.D. 900/2010, de 9 de julio).

El Diploma de Cantante de Ópera, expedido al amparo del Decreto 313/1970, de 29 de enero, se declara equivalente, únicamente a efectos de impartición de la docencia de las enseñanzas de música en los grados elemental y medio en centros públicos o privados autorizados, a las titulaciones a las que se refiere el artículo 39.3 de la LOGSE, sin perjuicio de lo que se regule en relación con las materias pedagógicas necesarias para ejercer la docencia a que hace referencia el citado artículo.

Equivalencia del Diploma de Cantante de Ópera para impartir Enseñanzas de Música LOE

(Extracto) REAL DECRETO 900/2010, de 9 de julio, por el que el título de Profesor de Música, regulado al amparo del Decreto 2618/1966, de 10 de septiembre, y el diploma de Cantante de Ópera, expedido al amparo del Decreto 313/1970, de 29 de enero, se declaran equivalentes a las titulaciones a que se refiere el artículo 96.1 de la Ley Orgánica 2/2006, de 3 de mayo, de Educación, para impartir las enseñanzas elementales y profesionales de música establecidas en dicha Ley.

(BOE de 13 de julio de 2010).

Artículo 3. El Diploma de Cantante de Ópera, expedido al amparo del Decreto 313/1970, de 29 de enero, se declara equivalente, únicamente a efectos de la impartición de la docencia de las enseñanzas elementales y profesionales de música en centros públicos y privados autorizados, a las titulaciones a que se refiere el artículo 96.1 de la Ley Orgánica 2/2006, de 3 de mayo, de Educación, sin perjuicio de la previsión contenida en el citado artículo, en relación con la formación pedagógica y didáctica requerida.

Equivalencia del Diploma de Cantante de Ópera a efectos de docencia para el ingreso en el Cuerpo de Profesores de Música y Artes Escénicas

(Extracto) REAL DECRETO 276/2007, de 23 de febrero, por el que se aprueba el Reglamento de ingreso, accesos y adquisición de nuevas especialidades en los cuerpos docentes a que se refiere la Ley Orgánica 2/2006, de 3 de mayo, de Educación, y se regula el régimen transitorio de ingreso a que se refiere la disposición transitoria decimoséptima de la citada Ley. Disposición adicional única.

(BOE de 2 de marzo de 2007).

Disposición adicional única. Titulaciones declaradas equivalentes a efectos de docencia para el ingreso en determinados cuerpos.

3. Para el ingreso en el Cuerpo de Profesores de Música y Artes Escénicas, podrán ser admitidos quienes, aun careciendo de la titulación exigida con carácter general, estén en posesión de alguna de las titulaciones o documentos acreditativos que se relacionan en el Anexo VII al presente Reglamento.

Anexo VII
Título de Profesor, expedido al amparo del Decreto 2618/1966, de 10 de septiembre.
Diploma de Cantante de Ópera, expedido al amparo del Decreto 313/1970, de 29 de enero.

Diploma Superior de Especialización para Solistas

El Diploma Superior de Especialización para Solistas se declara equivalente al Título Superior de Música LOGSE.
(Extracto) REAL DECRETO 1120/2000, de 16 de junio, por el que se establecen las equivalencias entre los Diplomas acreditativos de los estudios realizados en la Escuela Superior de Canto de Madrid y los títulos establecidos en la Ley Orgánica 1/1990, de 3 de octubre, de Ordenación General del Sistema Educativo. (BOE de 5 de julio de 2000).

Artículo 1. Equivalencia del Diploma Superior de Especialización para Solistas.

Se declara equivalente, a todos los efectos, al título superior de Música, en la especialidad de Canto, a que se refiere el artículo 42.3 de la Ley Orgánica 1/1990, de 3 de octubre, el Diploma Superior de Especialización para Solistas, expedido al amparo del Decreto 313/1970, de 29 de enero.

Titulaciones de los Centros Superiores de Ciencias Eclesiásticas de nivel universitario (Música)

(Extracto) REAL DECRETO 3/1995, de 13 de enero, por el que se da cumplimiento a lo dispuesto en el Acuerdo entre el Estado español y la Santa Sede sobre enseñanza y asuntos culturales en materia de estudios y titulaciones de Ciencias Eclesiásticas de nivel universitario.
(BOE de 4 de febrero de 1995).

Acuerdo entre el Estado español y la Santa Sede por el que se reconocen por parte del Estado de los efectos civiles de los títulos otorgados en los Centros Superiores de Ciencias Eclesiásticas de la Iglesia Católica.

Anexo
II. Equivalentes a Licenciado Universitario.

15. Título *Licenciatus in Música Sacra/in Cantu Gregoriano/in Organo/in Directione Chorali* (Licenciado en Música Sacra/Canto Gregoriano/Órgano/Dirección Coral), otorgados por facultades eclesiásticas o institutos «ad instar Facultatis».

III. Equivalentes al Doctorado Universitario.

26. Título de *Doctor in Música Sacra/in Cantu Gregoriano/in Organo* (Doctor en Música Sacra/Canto Gregoriano/Órgano), otorgados por facultades eclesiásticas o institutos «ad instar Facultatis».

(Extracto) REAL DECRETO 1619/2011, de 14 de noviembre, por el que se establece el nuevo régimen de equivalencias de los estudios y titulaciones de Ciencias Eclesiásticas de nivel universitario respecto de los títulos universitarios oficiales españoles, en cumplimiento de lo dispuesto en el Acuerdo entre el Estado español y la Santa Sede de 3 de enero de 1979 sobre Enseñanza y Asuntos Culturales.
(BOE de 16 de noviembre de 2011).

Anexo I
Relación de los Títulos otorgados por Centros Superiores de Ciencias Eclesiásticas a los que se reconocen efectos civiles.

II. Títulos equivalentes al título oficial de Máster Universitario (habrán de acreditar una duración mínima de 300 créditos ECTS).

Título de *Licentiatus in Música Sacra / in Cantu Gregoriano / in Organo / in Directione Chorali,* otorgado por facultades eclesiásticas o institutos «ad instar Facultatis».

III. Títulos equivalentes al título universitario oficial de Doctor o Doctora.

Título de *Doctor in Música Sacra / in Cantu Gregoriano / in Organo,* otorgados por facultades eclesiásticas o institutos «ad instar Facultatis».

Título de Bachiller (Académico)

Bachillerato que posibilita al alumnado la simultaneidad de las enseñanzas musicales y las enseñanzas de régimen general.

Título de Bachiller (LOGSE)

Artículo 41.2. Los alumnos que hayan terminado el tercer ciclo del grado medio, obtendrán el título de Bachiller si superan las materias comunes del Bachillerato.

Título de Bachiller (LOE)

Artículo 37.4. También podrán obtener el título de Bachiller en la modalidad de Artes quienes hayan superado las Enseñanzas Profesionales de Música o de Danza y las materias comunes del Bachillerato.

Título de Bachiller (LOMCE)

Cuarenta. El artículo 50 de la LOE queda modificado y redactado de la siguiente manera:

2. El alumnado que se encuentre en posesión de un título de Técnico de las Enseñanzas Profesionales de Música o de Danza podrá obtener el título de Bachiller por la superación de la evaluación final de Bachillerato en relación con las materias del bloque de asignaturas troncales que como mínimo se deban cursar en la modalidad y opción que escoja el alumno o alumna.

Título de Bachiller (LOMLOE)

Artículo 37.4. También podrán obtener el título de Bachiller en la modalidad de Artes quienes hayan superado las Enseñanzas Profesionales de Música o de Danza y las materias comunes del Bachillerato.

Equivalencia al Título de Bachiller a efectos profesionales (laborales)

Con la finalidad de reconocer los aprendizajes adquiridos por las personas adultas y facilitar el acceso a determinados puestos de trabajo de las Administraciones Públicas y empresas privadas, el Ministerio de Educación publicó sendas Órdenes posibilitando a los interesados que reúnan ciertas condiciones pueden solicitar y obtener la Equivalencia al Título de Graduado en Enseñanza Secundaria Obligatoria o la Equivalencia al Título de Bachiller a efectos profesionales.

Antes de la publicación de las Órdenes, el Ministerio, mediante resoluciones individualizadas, concedía la equivalencia, a los únicos efectos de acceso a empleos públicos y privados, basadas en su mayoría en dictámenes emitidos por el antiguo Consejo Nacional de Educación.

Ejemplo de concesión de la equivalencia al Título de Bachiller a efectos laborales:

MINISTERIO DE EDUCACION Y CIENCIA

DIRECCION GENERAL DE ENSEÑANZAS MEDIAS

┌ Destinatario: ┐

D. XXXXXXX XXXXX XXX
C/XXXXXXXXXX
XXXXXX XXXXXX

└   ┘

Su Ref.ª   Nuestra Ref.ª

MINISTERIO DE EDUCACION Y CIENCIA
DIRECCION GENERAL DE ENSEÑANZAS MEDIAS
SECCION DE ALUMNOS

13 JUN. 1986

SALIDA

Vista su instancia solicitando la equiva
lencia de su Título Profesional de Música, especia
lidad Trompa, por el Bachillerato Superior, a efec
tos laborales.

Teniendo en cuenta el dictámen nº 47.691,
de fecha 7 de mayo de 1979, emitido por el Consejo
Nacional de Educación, así como el que la concesión
de equivalencias no implica el reconocimiento de --
efectos académicos.

Esta DIRECCION GENERAL ha resuelto recono
cer la equivalencia solicitada, a los efectos indi-
cados.

EL DIRECTOR GENERAL,

P. D. (O. M. 27-3-82. B. O. E. 3-4-82)
EL SUBDIRECTOR GENERAL DE
ORDENACION ACADEMICA

39

(Extracto) Orden EDU/1603/2009, de 10 de junio, por la que se establecen equivalencias con los títulos de Graduado en Educación Secundaria Obligatoria y de Bachiller regulados en la Ley Orgánica 2/2006, de 3 de mayo, de Educación (BOE de 17 de junio de 2009).

Artículo 3. Equivalencia a efectos profesionales con el título de Graduado en Educación Secundaria Obligatoria.

1. La superación de la prueba de acceso a las enseñanzas profesionales de artes plásticas y diseño de grado medio o superior, a la formación profesional de grado medio o superior, a las enseñanzas deportivas de grado medio o superior o a las enseñanzas artísticas superiores para mayores de diecinueve años, será equivalente al título de Graduado en Educación Secundaria Obligatoria, a los únicos efectos de acceso a empleos públicos y privados, siempre que se acredite alguno de los siguientes requisitos:

d) Haber superado al menos 10 créditos ECTS de las enseñanzas artísticas superiores.

Artículo 4. Equivalencia a efectos profesionales con el título de Bachiller.

2. La superación de la prueba de acceso a las enseñanzas artísticas superiores para mayores de diecinueve años será equivalente al título de Bachiller, a los únicos efectos de acceso a empleos públicos y privados, siempre que se acredite alguno de los siguientes requisitos:

c) Haber superado al menos 15 créditos ECTS de las enseñanzas artísticas superiores.

Artículo 5. Acreditación.

Excepto para las equivalencias establecidas en el punto 4 del artículo 3, la presentación del título o de la certificación académica de los estudios o pruebas requeridos en cada caso y la mención a esta orden, será suficiente para la acreditación de la equivalencia con el título de Graduado en Educación Secundaria Obligatoria o el título de Bachiller, sin necesidad de otro trámite administrativo.

Artículo 6. Equivalencia a efectos profesionales de otros estudios.

Las solicitudes de equivalencias a efectos profesionales de otros estudios no contempladas en los artículos anteriores con los títulos de Graduado en Educación Secundaria Obligatoria o de Bachiller deberán ser dirigidas al órgano competente de la Comunidad Autónoma correspondiente, que requerirán informe preceptivo y vinculante del Ministerio de Educación en el caso de que este no haya establecido los criterios correspondientes a aplicar para su resolución.

Las resoluciones individualizadas de equivalencia que, en todo caso, emitirá la Administración educativa correspondiente deberán justificar la resolución emitida indicando el criterio o informe emitido por el Ministerio de Educación que se aplica.

(Extracto) Orden EDU/520/2011, de 7 de marzo, por la que se modifica la Orden EDU/1603/2009, de 10 de junio, por la que se establecen equivalencias con los títulos de Graduado en Educación Secundaria Obligatoria y de Bachiller regulados en la Ley Orgánica 2/2006, de 3 de mayo, de Educación
(BOE de 14 de marzo de 2011).

Artículo único. Modificación de la Orden EDU/1603/2009, de 10 de junio, por la que se establecen equivalencias con los títulos de Graduado en Educación Secundaria Obligatoria y de Bachiller regulados en la Ley Orgánica 2/2006, de 3 de mayo, de Educación.

2. Se da nueva redacción al artículo 3 de la Orden EDU/1603/2009, de 10 de junio, en los siguientes términos:

«**Artículo 3. Equivalencia a efectos profesionales con el título de Graduado en Educación Secundaria Obligatoria.**

1. La superación de la prueba de acceso a las enseñanzas profesionales de artes plásticas y diseño de grado medio o superior, a la formación profesional de grado medio o superior, a las enseñanzas deportivas de grado medio o superior o a las enseñanzas artísticas superiores para mayores de diecinueve años, será equivalente al título de Graduado en Educación Secundaria Obligatoria, a los únicos efectos de acceso a empleos públicos y privados, siempre que se acredite alguno de los siguientes requisitos:

d) Haber superado al menos 10 créditos ECTS de las enseñanzas artísticas superiores.

4. Se añade un nuevo apartado 5 al artículo 4 de la Orden EDU/1603/2009, de 10 de junio, en los siguientes términos:

«5. La acreditación ante el órgano competente de la Comunidad Autónoma correspondiente, mediante alguno de los documentos oficiales relacionados en el Anexo II, de la superación de determinados estudios de Enseñanzas Artísticas, será equivalente al título de Bachiller, a los únicos efectos de acceso a empleos públicos y privados».

Anexo II
Documentos oficiales para la acreditación
a que se refiere el artículo 4.5.

1. Título de Profesor de música en la correspondiente especialidad, regulado en el Decreto 2618/1966, de 10 de septiembre.

2. Título profesional de música o de danza de la Ley Orgánica 1/1990, de 3 de octubre, de Ordenación General del Sistema Educativo.

3. Diploma de Cantante de Ópera, expedido al amparo del Decreto 313/1970, de 29 de enero.

4. Documentos acreditativos de la completa superación de estudios oficiales de danza, anteriores a la implantación de la Ley Orgánica 1/1990, de 3 de octubre, de Ordenación General del Sistema Educativo, expedidos por los conservatorios de música, los conservatorios de danza y las escuelas de arte dramático y danza, con indicación expresa de haber finalizado las enseñanzas que constituyen el plan de estudios.

5. Títulos o diplomas correspondientes a las enseñanzas de música y de arte dramático a los que se haya otorgado, por real decreto, la equivalencia al título de licenciado a efectos de docencia:

Música:

a) Título profesional de música del plan de 1942.

b) Diploma superior de especialización para solistas regulado en el Decreto 313/1970, de 29 de enero.

ACCESO A PUESTOS DE TRABAJO
CON LA EQUIVALENCIA AL TÍTULO DE BACHILLER

ORIENTACIÓN PROFESIONAL

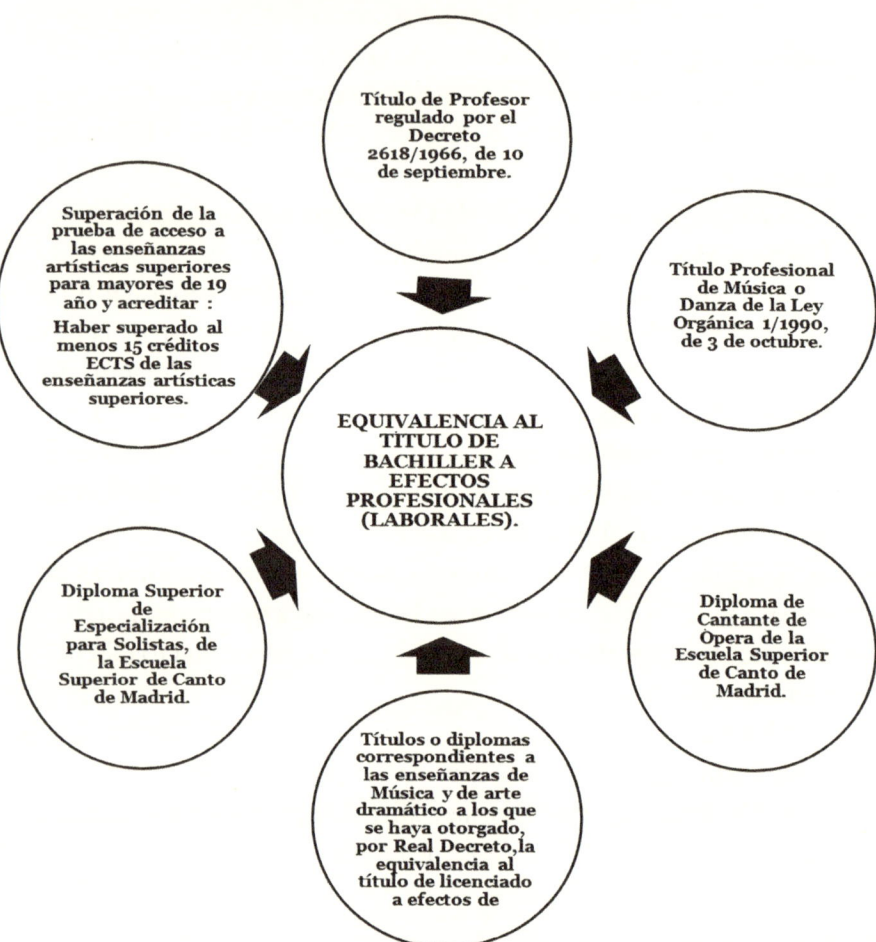

Título de Profesor regulado por el Decreto 2618/1966, de 10 de septiembre.

Superación de la prueba de acceso a las enseñanzas artísticas superiores para mayores de 19 año y acreditar : Haber superado al menos 15 créditos ECTS de las enseñanzas artísticas superiores.

Título Profesional de Música o Danza de la Ley Orgánica 1/1990, de 3 de octubre.

EQUIVALENCIA AL TÍTULO DE BACHILLER A EFECTOS PROFESIONALES (LABORALES).

Diploma Superior de Especialización para Solistas, de la Escuela Superior de Canto de Madrid.

Diploma de Cantante de Ópera de la Escuela Superior de Canto de Madrid.

Títulos o diplomas correspondientes a las enseñanzas de Música y de arte dramático a los que se haya otorgado, por Real Decreto, la equivalencia al título de licenciado a efectos de

Más información de interés:

Orden EDU/1603/2009, de 10 de junio (BOE de 17 de junio de 2009-núm. 146).

Orden EDU/520/2011, de 7 de marzo (BOE de 14 de marzo de 2011-núm. 62).

Equivalencia al Título de Diplomado Universitario

Equivalencia de los estudios musicales de grado superior al título de Diplomado Universitario con las condiciones que se reseñan en el presente Real Decreto.

(Extracto) REAL DECRETO 1272/2003, de 10 de octubre, por el que se regulan las condiciones para la declaración de equivalencia de títulos españoles de enseñanza superior universitaria o no universitaria a los títulos universitarios de carácter oficial y validez en todo el territorio nacional. (BOE de 24 de octubre de 2003).

Artículo 2. Declaración de equivalencia.

1. A los efectos de la aplicación de este real decreto: a) Se entiende por equivalencia la equiparación de un título determinado con alguno de los siguientes títulos o grados académicos: Diplomado Universitario, Arquitecto Técnico, Ingeniero Técnico, Licenciado, Arquitecto e Ingeniero que se establecen en el artículo 37 de la Ley Orgánica de Universidades, así como los que sustituyan a estos de acuerdo con lo dispuesto en el artículo 88.2 de la citada ley. b) Se entiende por equivalencia la equiparación de un título determinado con alguno de los títulos universitarios específicos de carácter oficial y validez en todo el territorio nacional establecidos por el Gobierno e incluidos en el Catálogo de títulos universitarios oficiales en virtud de lo dispuesto en el artículo 34 de la Ley Orgánica de Universidades.

2. Los títulos declarados equivalentes conforme a lo previsto en este real decreto surtirán los mismos efectos académicos y habilitarán, en su caso, para el ejercicio profesional, de acuerdo con la normativa vigente, que el grado académico o el título universitario de carácter oficial y validez en todo el territorio nacional con el que se equiparen.

Disposición adicional primera.

A los efectos de lo dispuesto en la Ley 30/1984, de 2 de agosto, de Medidas para la Reforma de la Función Pública, **se considerará equivalente al título de Diplomado Universitario el haber superado los tres primeros cursos completos de los estudios conducentes a la obtención de cualquier título oficial de Licenciado, Arquitecto o Ingeniero,** o el primer ciclo correspondiente a dichos estudios, siempre que este primer ciclo contenga una carga lectiva mínima de 180 créditos.

Suplemento Europeo al Título (SET)

El Suplemento Europeo al Título es un documento que acompaña al título universitario e incluye una descripción normalizada de la naturaleza, el nivel, el contenido y el estatuto de los estudios que ha realizado el interesado.

El Suplemento Europeo al Título es el documento que acompaña a cada uno de los títulos universitarios de carácter oficial y validez en todo el territorio nacional, con la información unificada, personalizada para cada titulado universitario, sobre los estudios cursados, los resultados obtenidos, las capacidades profesionales adquiridas y el nivel de su titulación en el sistema nacional de educación superior (art. 3, RD 1044/2003, de 1 de agosto).

El Suplemento Europeo al Título lo solicitará el interesado en la Secretaría del centro donde finalice sus estudios. Deberá cumplimentar y presentar la solicitud que podrá recoger en la Secretaría del centro, adjuntando una fotocopia de su DNI o pasaporte en vigor y abonar la tasa de expedición correspondiente.

El SET se puede solicitar para todos los estudios finalizados a partir del curso académico 2003-04, cuyo plan de estudios estuviera en vigor a fecha 12/09/2003 y siempre para planes de estudios estructurados en créditos.

El Suplemento Europeo al Título ofrece a los estudiantes titulaciones y programas de estudio más fácilmente comparables entre los países de toda Europa. Aporta una descripción detallada de los estudios realizados y de las competencias adquiridas para completar el curso.

El Suplemento puede facilitar también a sus titulares el acceso a puestos de trabajo y a nuevas oportunidades de estudio en el extranjero, impulsando el reconocimiento de los títulos académicos a escala internacional tanto por parte de los centros de enseñanza superior como de los empleadores.

Además, aumenta el reconocimiento de los títulos académicos que ofrecen las instituciones de educación superior y mejora la visibilidad de estas últimas entre sus homólogas y entre los empleadores.

Información:
https://education.ec.europa.eu/es/education-levels/higher-education/inclusive-and-connected-higher-education/diploma-supplement

Más información de interés:
REAL DECRETO 1044/2003, de 1 de agosto, por el que se establece el procedimiento para la expedición por las universidades del Suplemento Europeo al Título.
(BOE de 11 de septiembre de 2003-núm. 218)).

REAL DECRETO 22/2015, de 23 de enero, por el que se establecen los requisitos de expedición del Suplemento Europeo a los títulos regulados en el Real Decreto 1393/2007, de 29 de octubre, por el que se establece la ordenación de las enseñanzas universitarias oficiales y se modifica el Real Decreto 1027/2011, de 15 de julio, por el que se establece el Marco Español de Cualificaciones para la Educación Superior.
(BOE 7 de febrero de 2015-núm. 33).

Nota: En el momento de la finalización de este trabajo, algunos Centros de Enseñanzas Artísticas Superiores no expiden el SET.

Modelo de Suplemento Europeo al Título (SET):

SUPLEMENTO EUROPEO AL TÍTULO (SET)	DIPLOMA SUPPLEMENT (DS)
Este Suplemento al Título se ajusta al modelo elaborado por la Comisión Europea, el Consejo de Europa y UNESCO/CEPES. Su finalidad es proporcionar la información independiente necesaria para mejorar la transparencia internacional y el justo reconocimiento académico y profesional de las cualificaciones (diplomas, títulos, certificados, etc.). Está diseñado para describir la naturaleza, nivel, contexto, contenido, y rango de los estudios seguidos y completados con éxito por la persona a quien se menciona en el título al que este suplemento acompaña. Deben evitarse juicios de valor, posibles equivalencias o sugerencias de reconocimiento. Deben completarse todas las secciones y, en caso contrario, explicar los motivos por los que no se ha hecho	This Diploma Supplement follows the model developed by the European Commission, Council of Europe and UNESCO/CEPES. The purpose of the supplement is to provide sufficient independent data to improve the international transparency and fair academic and professional recognition of qualifications (diplomas, degrees, certificates etc.). It is designed to provide a description of the nature, level, context, content and status of the studies that were pursued and successfully completed by the individual named on the original qualification to which this supplement is appended. It should be free from any value judgements, equivalence statements or suggestions about recognition. Information in all eight sections should be provided. Where information is not provided, an explanation should give the reason why.

1. DATOS IDENTIFICATIVOS DEL TITULADO / INFORMATION IDENTIFYING THE HOLDER OF THE QUALIFICATION

1.1 APELLIDO(S) / FAMILY NAME(S)

1.2 NOMBRE(S) / GIVEN NAME(S)

1.3 FECHA DE NACIMIENTO (DÍA/MES/AÑO) / DATE OF BIRTH (DAY/MONTH/YEAR)

1.4 NÚMERO DE IDENTIFICACIÓN / IDENTIFICATION NUMBER

2. INFORMACIÓN SOBRE LA TITULACIÓN / INFORMATION IDENTIFYING THE QUALIFICATION

2.1 NOMBRE DE LA TITULACIÓN Y TÍTULO CONFERIDO (EN IDIOMA ORIGINAL) / NAME OF QUALIFICATION AND TITLE CONFERRED (IN ORIGINAL LANGUAGE)

Enseñanzas artísticas superiores de Música, especialidad de Interpretación.

Título Superior de Música en la especialidad de Interpretación.

Carácter oficial y validez en todo el territorio nacional.	National validity.
B.O.E. de 5 de junio de 2010, modificado por B.O.E. de 7 de febrero de 2015; B.O.C.Y.L. de 21 de septiembre de 2011.	B.O.E. of 5th June 2010, modified by B.O.E. of 7th February 2015; B.O.C.Y.L. of 21st September 2011.

2.2 PRINCIPALES CAMPOS DE ESTUDIOS DE LA TITULACIÓN / MAIN FIELDS OF STUDY FOR THE QUALIFICATION

Código CINE: 02 - Artes y humanidades / 0215 - Música y artes escénicas (Música: Interpretación, itinerario de Piano). Campos generales de estudio: Instrumento principal / Música de conjunto / Historia de la música / Armonía, análisis, educación auditiva / Idioma extranjero / Formación instrumental complementaria / Tecnología musical / Metodología de la investigación musical.	ISCED code: 02 - Arts and humanities / 0215 - Music and performing arts (Music: Performance - Piano). General fields of study: Main instrument / Big and small ensemble music / Music history / Music theory / Foreign language / Supplementary instrumental training / Music technology / Musical research methodology.

2.3 NOMBRE Y ESTATUS DE LA INSTITUCIÓN QUE OTORGA EL TÍTULO (EN IDIOMA ORIGINAL) / NAME AND STATUS OF AWARDING INSTITUTION (IN ORIGINAL LANGUAGE)

Consejería de Educación de la Junta de Castilla y León	Consejería de Educación de la Junta de Castilla y León
(Administración Pública).	(Public Administration).

2.4 NOMBRE Y ESTATUS DE LA(S) INSTITUCIÓN(ES) QUE IMPARTEN EL PROGRAMA EN EL CASO DE QUE SEA DISTINTA A LA INSTITUCIÓN QUE EXPIDE EL TÍTULO (EN IDIOMA ORIGINAL) / NAME AND STATUS OF INSTITUTION(S) (IF DIFFERENT FROM 2.3) ADMINISTERING STUDIES (IN ORIGINAL LANGUAGE)

Conservatorio Superior de Música de Castilla y León de Salamanca	Conservatorio Superior de Música de Castilla y León de Salamanca
Centro público de educación superior.	Public higher education institution.

2.5 LENGUA(S) UTILIZADA(S) EN LA DOCENCIA Y EVALUACIÓN / LANGUAGE(S) OF INSTRUCTION/ EXAMINATION

Español	Spanish

3. NIVEL DE LA TITULACIÓN / INFORMATION ON THE LEVEL OF THE QUALIFICATION

3.1 NIVEL DE LA TITULACIÓN / LEVEL OF QUALIFICATION

· Nivel 2 (Grado) del Marco Español de Cualificaciones para la Educación Superior (MECES). · Primer ciclo del Marco Europeo de Cualificaciones para la Educación Superior (QF-EHEA). · Nivel 6 del Marco Europeo de Cualificaciones (EQF). (Ver punto 8 para mayor información).	· Level 2 (Bachelor) of the Spanish Framework of Qualifications for the European Higher Education Area (MECES). · First cycle of the Qualifications Framework for the European Higher Education Area (QF-EHEA). · Level 6 of the European Qualifications Framework (EQF). (See section 8 for further information).

3.2 DURACIÓN OFICIAL DEL PROGRAMA / OFFICIAL LENGTH OF PROGRAMME

4 cursos. 240 ECTS (7.200 horas).	4 years. 240 ECTS (7,200 hours).

3.3 REQUISITOS DE ACCESO / ACCESS REQUIREMENTS

· Generales: Título de Bachiller o haber superado la prueba de acceso a la Universidad para mayores de 25 años o superar la prueba de madurez para mayores de 16 años que no posean ninguno de los requisitos académicos anteriores. · Específicos: Prueba específica de acceso.	· General requirements: A pre-university level degree, or a certificate of having passed the University entrance examination for students over 25 years old, or a competence assessment for students aged 16 and over who do not possess any of the previous academic requirements. · Specific requirements: Entrance examination.

4. INFORMACIÓN SOBRE LOS CONTENIDOS Y RESULTADOS OBTENIDOS / INFORMATION ON THE CONTENTS AND THE RESULTS GAINED

4.1 MODALIDAD DE ESTUDIO / MODE OF STUDY

Presencial.	Face-to-face learning.

4.2 REQUISITOS DEL PROGRAMA / PROGRAMME REQUIREMENTS

· El programa está distribuido de la siguiente forma: Asignaturas de formación básica 24 ECTS (720 h).	· The programme is distributed as follows: Core courses 24 ECTS (720 h).

Registro Central de Títulos: 201618009351   Registro Autonómico de Títulos: 071518042323

Este documento se expide en papel de seguridad con sello seco
This document is drawn up in a security paper with a dry seal

1 / 4

49

Asignaturas obligatorias de especialidad 186 ECTS (5.580 h).
Asignaturas optativas 24 ECTS (720 h).
Trabajo fin de estudios 6 ECTS (180 h).
· Objetivos de la titulación: ver apartado 5.2.
· Principales competencias adquiridas al finalizar la titulación: Interpretar el repertorio significativo de su especialidad tratando de manera adecuada los aspectos que lo identifican en su diversidad estilística / Dominar uno o más instrumentos musicales / Construir una idea interpretativa coherente y propia /Comunicar como intérprete las estructuras, ideas y materiales musicales con rigor / Expresarse musicalmente con su instrumento o voz de manera fundamentada en el conocimiento y dominio de la técnica instrumental y corporal, en las características acústicas y organológicas, y en las variantes estilísticas / Argumentar y expresar verbalmente sus puntos de vista sobre la interpretación y responder al reto de facilitar la comprensión de la obra musical / Conocer los principios teóricos de la música y haber desarrollado adecuadamente aptitudes para el reconocimiento, comprensión y memorización del material musical / Reconocer materiales musicales gracias al desarrollo de la capacidad auditiva / Conocer el desarrollo histórico de la música en sus diferentes tradiciones situándolo en un contexto social y cultural / Tener un amplio conocimiento de las obras más representativas de la literatura histórica y analítica de la música / Demostrar capacidad para interactuar musicalmente en todo tipo de proyectos musicales participativos, desde el dúo hasta los grandes conjuntos / Desarrollar aptitudes para la lectura e improvisación musical / Asumir adecuadamente las diferentes funciones subordinadas, participativas o de liderazgo que se pueden dar en un proyecto musical colectivo / Conocer los procesos y recursos del trabajo orquestal y de otros conjuntos dominando la lectura a primera vista, mostrando flexibilidad ante las indicaciones del director y capacidad de integración en el grupo / Conocer las implicaciones escénicas de su actividad profesional y ser capaz de desarrollar sus aplicaciones prácticas / Conocer los recursos tecnológicos y sus aplicaciones en la música / Conocer y ser capaz de utilizar metodologías de estudio e investigación.

Compulsory courses 186 ECTS (5.580 h).
Optional courses 24 ECTS (720 h).
Final Year Dissertation 6 ECTS (180 h).
· Objectives associated with the qualification: see section 5.2.
· Main skills achieved at the end of the programme include to: perform the standard repertoire of the instrument with an adequate understanding of all aspects related to stylistic diversity / master one or more musical instruments / build a coherent and personal interpretive concept as a performer / communicate, as a performer, musical structures, ideas and materials with rigor / musically express their ideas with the instrument, using their knowledge and mastery of instrumental and body technique, acoustic and organological characteristics, and stylistic variants / argue and verbally express their views on the interpretation, and meet the challenge of making the musical work accessible / understand the theoretical principles of music and have properly developed skills for recognizing, understanding and memorizing the musical material / recognize musical materials through the development of hearing skills / know the historical development of music in different traditions placing it in a social and cultural context / have extensive knowledge of the most representative works of historical and analytical music literature / demonstrate ability to interact musically in all kinds of participatory musical projects, from duo to large ensembles / develop reading and musical improvisation skills / be able to adopt the various subordinate, participatory or leadership roles that can occur in a collective musical project / know the processes and mechanics of orchestral and other ensemble work, showing a proficient sight-reading skill, flexibility to incorporate the indications from the director, and the ability to integrate with the group / know the performing implications of their work and be able to develop their practical application / know technological resources and their applications in music / know and be able to use research methods.

Forma de acceso: prueba específica de acceso

Access to the programme: by entrance examination

Fecha de la completa finalización de estudios conducentes a la obtención del título: 09/2015

Final date for completion of studies leading to the diploma: 09/2015

Módulo o asignatura Course or module	ECTS ECTS	Calificación Grade	Año académico Academic Year	Institución Institution	Idioma Language	Observaciones Observations
Asignaturas de formación básica / Core courses						
Historia de la música - I / History of music - I	4	7	2010/2011	37008229	ES	
Educación auditiva - I / Ear training - I	4	6	2010/2011	37008229	ES	
Armonía - I / Harmony - I	4	9	2010/2011	37008229	ES	
Historia de la música - II / History of music - II	4	7	2011/2012	37008229	ES	
Educación auditiva - II / Ear training - II	4	7	2011/2012	37008229	ES	
Metodología de la investigación musical / Musical research methodology	4	6	2012/2013	37008229	ES	
Asignaturas obligatorias / Compulsory courses						
Coro - I / Choir - I	2	5	2010/2011	37008229	ES	
Repentización y transposición / Sight-reading and transposition	4	8	2010/2011	37008229	ES	
Piano - I / Piano - I	22	9	2010/2011	37008229	ES	
Idioma extranjero - I / Foreign language - I	4	10	2010/2011	37008229	ES	
Evolución estilística del repertorio para piano - I / Stylistic evolution of piano repertoire - I	4	7,5	2010/2011	37008229	ES	
Técnicas de concentración / Concentration techniques	2	8,5	2010/2011	37008229	ES	
Ergonomía y prevención de lesiones / Ergonomics and injury prevention	2	9	2010/2011	37008229	ES	
Tecnología musical / Music technology	4	8,1	2010/2011	37008229	ES	
Armonía aplicada al instrumento / Harmony applied to the instrument	4	7,5	2011/2012	37008229	ES	
Coro - II / Choir - II	2	7,5	2011/2012	37008229	ES	
Piano - II / Piano - II	22	9	2011/2012	37008229	ES	
Análisis - I / Analysis - I	4	7	2011/2012	37008229	ES	
Organología / Organology	2	9	2011/2012	37008229	ES	
Evolución estilística del repertorio para piano - II / Stylistic evolution of piano repertoire - II	4	9	2011/2012	37008229	ES	
Música de cámara - I / Chamber music - I	6	8,5	2011/2012	37008229	ES	
Evolución estilística del repertorio para piano - III / Stylistic evolution of piano repertoire - III	4	7,5	2012/2013	37008229	ES	
Análisis - II / Analysis - II	4	7,5	2012/2013	37008229	ES	
Piano - III / Piano - III	28	9	2012/2013	37008229	ES	
Música de cámara - II / Chamber music - II	6	8,5	2012/2013	37008229	ES	
Repertorio solista contemporáneo - I / Contemporary repertoire for soloist - I	4	9	2012/2013	37008229	ES	
Repertorio orquestal con acompañante - I / Orchestral repertoire with accompanist - I	6	9	2012/2013	37008229	ES	
Improvisación - I / Improvisation - I	4	9	2012/2013	37008229	ES	
Repertorio solista contemporáneo - II / Contemporary repertoire for soloist - II	4	8,5	2013/2014	37008229	ES	
Análisis de la música contemporánea - I / Contemporary Music Analysis - I	4	6,5	2013/2014	37008229	ES	
Piano - IV / Piano - IV	28	9,5	2014/2015	37008229	ES	
Repertorio orquestal con acompañante - II / Orchestral repertoire with accompanist - II	6	9,5	2014/2015	37008229	ES	
Trabajo fin de estudios / Final year dissertation	6	8,5	2014/2015	37008229	ES	
Asignaturas optativas / Optional courses						
Clavicordio / Clavichord	4	8,5	2010/2011	37008229	ES	

Módulo o asignatura / Course or module	ECTS ECTS	Calificación Grade	Año académico Academic Year	Institución Institution	Idioma Language	Observaciones Observations
Taller de ópera I / Opera workshop I	4	9	2011/2012	37008229	ES	
Introducción al Jazz I / Introduction to jazz I	4	9	2011/2012	37008229	ES	
Desarrollo práctico del oído / Practical development of hearing skills	4	9	2013/2014	37008229	ES	
Actividades culturales reconocidas / Recognized Cultural Activities	4	APTO	2013/2014	37008229	EN	REC
Análisis en contexto de obras de gran formato / Analysis in context of large-scale works	4	9	2013/2014	37008229	ES	

Todas las asignaturas corresponden al nivel 2 (Grado) del Marco Español de Cualificaciones de Educación Superior (MECES). Todas las instituciones son centros de educación superior.
ES = español;EN = inglés; REC = créditos reconocidos; REC-E = créditos reconocidos en un programaErasmus; CV = asignatura convalidada; MH = Matrícula de Honor.
- 37008229 Conservatorio Superior de Música de Castilla y León

All courses correspond to Level 2 (Bachelor) of the Spanish Qualifications Framework for HigherEducation (MECES). All institutions are higher education institutions (HEI).
ES = Spanish; EN = English;REC = recognised credits; REC-E = recognised credits in an Erasmus program; CV = validated subject; MH = Distinction.
- 37008229 Conservatorio Superior de Música de Castilla y León

4.4 SISTEMA DE CALIFICACIÓN / GRADING SCHEME

En el sistema español de educación superior artística los módulos/asignaturas se califican con una puntuación absoluta de acuerdo a una escala del 0 al 10, con las siguientes equivalencias cualitativas: 0-4.9: suspenso; 5-6.9: aprobado; 7-8.9: notable; 9-10 sobresaliente. La mención de "Matrícula de Honor" podrá ser otorgada a los estudiantes que hayan obtenido una calificación igual o superior a 9,0. Su número no podrá exceder del cinco por ciento de los estudiantes matriculados en una asignatura en el correspondiente curso académico, salvo que el número de estudiantes matriculados sea inferior a 20, en cuyo caso se podrá conceder una sola "Matrícula de Honor". En el caso de reconocimiento de ECTS de la experiencia profesional, actividades culturales, deportivas, representación estudiantil u otras no se hará constar ninguna puntuación sino, en su caso, la palabra 'Apto'.

In the Spanish higher artistic education system modules/subjects are graded on a scale of 0 to 10 points with the following qualitative equivalence: 0-4.9: Fail; 5-6.9: Pass; 7-8.9: Remarkable; 9-10: Outstanding. The mention of Distinction can be awarded to students who achieve a score of 9.0 or above. The number of Distinctions granted will not exceed 5% of students enrolled in a subject in the relevant academic year unless enrollment is under 20, in which case only one Distinction may be granted. In cases of recognition of ECTS credits, professional experience, cultural or sports activities, or student representation no grading will be recorded but, where appropriate, the word "Apto".

Tabla de distribución de calificaciones de la titulación / Grading distribution table										
Calificaciones / Grade:	5,0-5,4	5,5-5,9	6,0-6,4	6,5-6,9	7,0-7,4	7,5-7,9	8,0-8,4	8,5-8,9	9,0-9,4	9,5-10
Porcentaje / Percentage:	8,18	2,83	9,09	4,32	11,99	6	16,36	5,78	25,43	10,05
Acumulado / Cumulative:	100	91,85	89,02	79,93	75,61	63,62	57,62	41,26	35,48	10,05
Años académicos considerados: Academic years considered:	2011-2012			2012-2013			2013-2014			

4.5 CALIFICACIÓN GLOBAL DEL/LA TITULADO/A / OVERALL CLASSIFICATION OF THE QUALIFICATION (IN ORIGINAL LANGUAGE)

8,57

8,57

Nota explicativa: la calificación global media se obtiene sumando los créditos superados, y multiplicando cada uno de ellos por la calificación obtenida expresada de 0 a 10 y dividiéndolo por el número de créditos superados.

Explanatory note: the grade point average is obtained by adding the credits obtained, and multiplying each by the grade obtained on the scale 0-10 and dividing by the total amount of credits.

5. INFORMACIÓN SOBRE LA FUNCIÓN DE LA TITULACIÓN / INFORMATION ON THE FUNCTION OF THE QUALIFICATION

5.1 ACCESO A ULTERIORES ESTUDIOS / ACCESS TO FURTHER STUDY

El Título Superior de Música habilita para el acceso a los estudios de máster universitario y máster en enseñanzas artísticas (segundo ciclo del QF-EHEA y nivel 7 del EQF).

The Título Superior de Música gives access to University Master's degree studies and a Master's degree in artistic education (second cycle of QF-EHEA and level 7 of EQF).

5.2 OBJETIVOS DE LA TITULACIÓN Y CUALIFICACIÓN PROFESIONAL (SI PROCEDE) / STATED OBJECTIVES ASSOCIATED WITH THE QUALIFICATION AND PROFESSIONAL STATUS (IF APPLICABLE)

El objetivo de la titulación es la formación cualificada de profesionales con un dominio completo de las técnicas de interpretación del instrumento y su repertorio, y en su caso, de instrumentos complementarios. Profesionales que estén preparados para ejercer una labor interpretativa de alto nivel de acuerdo con las características de su modalidad y especialización, tanto en el papel de solista como formando parte de un conjunto, así como, en su caso, en su condición de intérprete acompañante de música y de danza. Que conozcan las características técnicas y acústicas de su instrumento, profundizando en su desarrollo histórico. Que tengan formación para el ejercicio del análisis y del pensamiento musical, y dispongan de una sólida formación metodológica y humanística que les ayude en la tarea de investigación afín al ejercicio de su profesión.

Esta titulación otorga competencias para desarrollar diversas actividades profesionales, entre otras las siguientes: Interpretación solista, de cámara y orquestal / Docencia de materias relacionadas con el instrumento principal en el ámbito particular, en centros de enseñanza musical no oficial, centros oficiales de enseñanzas artísticas elementales y profesionales de música (si bien en España es necesaria una formación pedagógica complementaria que no otorga esta titulación), conservatorios superiores y escuelas superiores de música, universidades y centros de educación superior.

The aim of the degree is the training of qualified professionals with a complete mastery of the instrumental performance techniques and repertoire, and, when appropriate, of complementary instruments. Professionals who are prepared to exercise a high level interpretative work according to the characteristics of its specialization, both in the role of soloist and as part of an ensemble, and, when appropriate, in their capacity as an accompanist of music and dance. They know the technical and acoustic characteristics of their instrument, exploring its historical development. Professionals who are trained for the practice of analysis and musical thought, and have a solid methodological and humanistic training to help them in the task of research related to the exercise of their profession.

This qualification provides professional skills to carry out various activities, including the following: Soloist, chamber and orchestral performance / Teaching in centres of music education, conservatories and music colleges, universities and higher education institutions.

6. INFORMACIÓN ADICIONAL / ADDITIONAL INFORMATION

6.1 INFORMACIÓN ADICIONAL / ADDITIONAL INFORMATION

No procede

No procede

6.2 FUENTES DE INFORMACIÓN ADICIONAL / FURTHER INFORMATION SOURCES

www.educa.jcyl.es/es/ensenanzasregesp/ensenanzas-artisticas-superiores
www.coscyl.com

www.educa.jcyl.es/es/ensenanzasregesp/ensenanzas-artisticas-superiores
www.coscyl.com

Registro Central de Títulos: 201618009351   Registro Autonómico de Títulos: 071518042323

Este documento se expide en papel de seguridad con sello seco
This document is drawn up in a security paper with a dry seal

3 / 4

51

Ver punto 8 para mayor información.   See section 8 for further information.

7. CERTIFICACIÓN DEL SUPLEMENTO / CERTIFICATION OF THE SUPPLEMENT

7.1 FECHA DE EXPEDICIÓN / DATE OF ISSUING
7.2 NOMBRES Y FIRMAS DE LOS FIRMANTES / NAMES AND SIGNATURES
7.3 CARGO DE LOS FIRMANTES / CAPACITY OF THE CERTIFYING INDIVIDUALS
7.4 SELLO OFICIAL DE LA ADMINISTRACIÓN EXPEDIDORA / OFFICIAL STAMP OR SEAL

21/02/2018

El Director General de Política Educativa Escolar / Competent organ in the Educational Administration

El director del centro / Head of Higher Education Institution

Ángel Miguel Vega Santos

8. INFORMACIÓN SOBRE EL SISTEMA NACIONAL DE EDUCACIÓN SUPERIOR / INFORMATION ON THE NATIONAL HIGHER EDUCATION SYSTEM

Niveles MECES / MECES Levels		QF-EHEA	EQF	Titulaciones / Qualifications
1	Técnico Superior / Higher Technician	Short cycle	Level 5	Técnico Superior de Formación Profesional / Higher VET Technician Técnico Superior de Artes Plásticas y Diseño / Higher Technician in Plastic Arts & Design Técnico Deportivo Superior / Higher Technician in Sports Education
2	Grado / Bachelor	First cycle	Level 6	Título de Graduado / University Bachelor's Degree *Título Superior de las Enseñanzas Artísticas Superiores / Bachelor's Degree in Higher Arts Education*
3	Máster / Master	Second cycle	Level 7	Título de Máster Universitario / University Master's Degree Título de Máster en Enseñanzas Artísticas / Master's Degree in Higher Arts Education
4	Doctor / Doctor	Third cycle	Level 8	Título de Doctor / Doctor (PhD)

Características del nivel 2 (Grado) del MECES y nivel 6 del EQF:
Requisitos generales de acceso a las enseñanzas: Título de Bachiller y prueba de acceso. Centros en que se imparten: universidades y centros superiores de enseñanzas artísticas. Estas enseñanzas están sometidas a un sistema de Garantía de la Calidad.

Features of Level 2 (Bachelor) of MECES and Level 6 of EQF:
General access requirements: pre-university level degree and entrance examination. Education institutions: universities and higher artistic education institutions. The programme is submitted to a System of Quality Assurance for Higher Education.

Registro Central de Títulos: 201618009351   Registro Autonómico de Títulos: 071518042323

Este documento se expide en papel de seguridad con sello seco
This document is drawn up in a security paper with a dry seal

4 / 4

52

Marco Español de Cualificaciones
para la Educación Superior (MECES)

(Extracto) REAL DECRETO 1027/2011, de 15 de julio, por el que se establece el Marco Español de Cualificaciones para la Educación Superior.
(BOE de 3 de agosto de 2011).

Artículo 1. Objeto.

1. El presente real decreto establece el Marco Español de Cualificaciones para la Educación Superior, MECES y la descripción de sus niveles, cuya finalidad es permitir la clasificación, comparabilidad y transparencia de las cualificaciones de la educación superior en el sistema educativo español.

2. El MECES es un instrumento, internacionalmente reconocido, que permite la nivelación coherente de todas las cualificaciones de la educación superior para su clasificación, relación y comparación y que sirve, asimismo, para facilitar la movilidad de las personas en el espacio europeo de la educación superior y en el mercado laboral internacional.

Artículo 4. Estructura del MECES.
El Marco Español de Cualificaciones para la Educación Superior se estructura en cuatro niveles con la siguiente denominación para cada uno de ellos:
1. Nivel 1: Técnico Superior.
2. Nivel 2: Grado.
3. Nivel 3: Máster.
4. Nivel 4: Doctor.

Mas amplia información de interés:
REAL DECRETO 96/2014, de 14 de febrero, por el que se modifican los Reales Decretos 1027/2011, de 15 de julio, por el que se establece el Marco Español de Cualificaciones para la

Educación Superior (MECES), y 1393/2007, de 29 de octubre, por el que se establece la ordenación de las enseñanzas universitarias oficiales.

(BOE de 5 de marzo de2014).

RESOLUCIÓN de 23 de diciembre de 2021, de la Secretaría General de Universidades, por la que se publica el Acuerdo del Consejo de Ministros de 7 de diciembre de 2021, por el que se determina el nivel de correspondencia al nivel del Marco Español de Cualificaciones para la Educación Superior del Título Superior de Música en todas sus especialidades.

(BOE de 1 de enero de 2022).

Título de Máster

Los estudios de Máster tienen como finalidad la adquisición de una formación avanzada, de carácter especializado o multidisciplinar, orientada a la especialización académica o profesional.

Para el ejercicio de algunas profesiones se requiere estar en posesión del llamado Máster habilitante (abogacía, arquitectura, algunas ingenierías y para el ejercicio de profesor/a de Enseñanza Secundaria, Bachillerato, Formación Profesional e Idiomas).

Los Másteres requieren de 60 a 120 créditos ECTS, cursados normalmente en uno o dos años académicos, junto con la presentación de un Trabajo de Final de Máster (TFM). Se accede con una titulación de grado o equivalente.

Sobre los títulos de Máster hay que distinguir entre el Máster Oficial y el Máster como Título Propio.

Máster Título Propio

También denominado Máster de Formación Permanente.

Los Máster Título Propio están diseñados para ofrecer una formación de posgrado especializada en un determinado campo. No requieren de la supervisión y aprobación de los organismos públicos y no son conducentes para los estudios de Doctorado.

Máster Universitario en Formación del Profesorado de Educación Secundaria Obligatoria, Bachillerato, Formación Profesional y Enseñanza de Idiomas (MAES)

Este Máster Universitario de Formación del Profesorado de Educación Secundaria, Bachillerato, Formación Profesional y Enseñanza de Idiomas (MAES) acredita la formación pedagógica y didáctica que habilita para el ejercicio de la profesión docente en centros públicos y privados de educación secundaria obligatoria, bachillerato, formación profesional y enseñanza de idiomas.

Las convocatorias de acceso para impartir las materias citadas hacen referencia a dicho requisito:

El profesorado que imparta Educación Secundaria Obligatoria o Bachillerato deberá acreditar la formación pedagógica y didáctica establecida en el artículo 100.2 de la Ley Orgánica 2/2006, de 3 de mayo, de Educación, por tanto, estar en posesión del correspondiente título de Máster regulado por la Orden ECI/3858/2007, de 27 de diciembre, por la que se establecen los requisitos de verificación de los títulos universitarios oficiales que habiliten para el ejercicio de las profesiones de profesor de Educación Secundaria Obligatoria y Bachillerato, Formación Profesional y Enseñanza de Idiomas.

Selección de algunas universidades que ofertan el Máster en Formación del Profesorado:

Universidad de Murcia (BOE de 16 de diciembre de 2010).

Universidad de Córdoba (BOE de 26 de febrero de 2010).

Universidad de Jaén (BOE de 29 de abril de 2010).

Universidad de Valladolid (BOE de 29 de abril de 2010).

Universidad Complutense de Madrid (BOE de 16 de diciembre de 2010).

Universidad de Santiago de Compostela (BOE de 11 de mayo de 2011).

Universidad Europea de Valencia (BOE de 18 de marzo de 2015).

Universidad Internacional de La Rioja (BOE de 19 de febrero de 2016).

Universidad Pompeu Fabra (BOE de 30 de octubre de 2023).

Universidad Miguel Hernández de Elche (BOE de 30 de octubre de 2023).

Máster Oficial

Los Másteres Oficiales requieren la aprobación por parte de la ANECA (Agencia Nacional de Evaluación de la Calidad y Acreditación), el Acuerdo del Consejo de Ministros y su publicación en el Boletín Oficial del Estado.

Están orientados a la investigación y son los únicos que permiten el acceso al Doctorado.

Másteres Oficiales impartidos por las Universidades y Centros Superiores de Enseñanzas Artísticas (selección):

Título de Máster Universitario

Máster Universitario Oficial en Investigación Musical. Universidad Europea de Madrid (BOE de 22 de octubre de 2021).

Máster Universitario Oficial en Pedagogía Instrumental. Universidad Alfonso X el Sabio (BOE de 22 de octubre de 2021).

Máster Universitario Oficial en Musicología. Universidad Internacional de La Rioja (BOE de 20 de julio de 2022).

Máster Universitario Oficial en Composición Musical. Universitat de Valencia (BOE de 30 de octubre de 2023).

Máster Universitario Oficial en Investigación Musical. Universidad de Castilla-La Mancha (BOE de 6 de enero de 2024).

Máster Universitario Oficial en Creación e Interpretación Musical. Universidad Rey Juan Carlos de Madrid (BOE de 10 de junio de 2013).

Título de Máster en Enseñanzas Artísticas

Máster en Enseñanzas Artísticas de Interpretación Avanzada e Investigación Aplicada a la Práctica Musical de la Escuela Superior de Música de Alto Rendimiento de la Comunidad Valenciana (BOE de 16 de mayo de 2022).

Máster en Enseñanzas Artísticas en Composición Dramática y para Ensemble Instrumental de la Escuela Superior de Música Reina Sofía de Madrid (BOE de 17 de mayo de 2022).

Máster en Enseñanzas Artísticas en Interpretación en Flamenco del Centro Superior Música Creativa de Madrid (BOE de 27 de junio de 2022).

Máster Universitario Oficial en Musicología. Universidad Internacional de La Rioja (BOE de 20 de julio de 2022).

Máster en Enseñanzas Artísticas en Investigación Musical Interdisciplinar del Centro de Enseñanza Musical Katarina Gurska de Madrid (BOE de 27 de junio de 2022).

Máster en Enseñanzas Artísticas en Creación, Interpretación e Investigación Musical del Conservatorio Superior de Música de Vigo (BOE de 23 de junio de 2023).

Título de Máster en Enseñanzas Artísticas en Interpretación Sinfónica del Real Conservatorio Superior de Música de Madrid (BOE de 23 de junio de 2023).

Nota: En el apartado de Títulos de los Centros Superiores de Ciencias Eclesiásticas, vienen reconocidos a efectos civiles Títulos de Máster Universitario de Música.

Más información de interés:

REAL DECRETO 1834/2008, de 8 de noviembre, por el que se definen las condiciones de formación para el ejercicio de la docencia en la educación secundaria obligatoria, el bachillerato, la formación profesional y las enseñanzas de régimen especial y se establecen las especialidades de los cuerpos docentes de enseñanza secundaria (BOE de 28 de noviembre de 2008).

REAL DECRETO 276/2007, de 23 de febrero, por el que se aprueba el Reglamento de ingreso, accesos y adquisición de nuevas especialidades en los cuerpos docentes a que se refiere la Ley Orgánica 2/2006, de 3 de mayo, de Educación, y se regula el régimen transitorio de ingreso a que se refiere la disposición transitoria decimoséptima de la citada ley (BOE de 2 de marzo de 2007).

ORDEN ECI/3858/2007, de 27 de diciembre, por la que se establecen los requisitos para la verificación de los títulos universitarios oficiales que habiliten para el ejercicio de las profesiones de Profesor de Educación Secundaria Obligatoria y Bachillerato, Formación Profesional y Enseñanzas de Idiomas (BOE de 29 de diciembre de 2007).

Título Universitario Oficial de Doctor/a

La LOGSE ya recogía en su articulado la posibilidad de los titulados/as superiores de música de cursar estudios de tercer ciclo (Doctorado).

Los estudios de doctorado están orientados a aquellos/as titulados/as y graduados/as que deseen profundizar en el ámbito de la investigación musical.

Los requisitos para acceder a los estudios de Doctorado es estar en posesión de alguno de los títulos oficiales de Licenciado, Ingeniero, Arquitecto, Grado o equivalente y del Máster Oficial Universitario.

Pueden acceder al Doctorado sin el Máster los que estén en posesión de una titulación universitaria o equivalente y su titulación haya obtenido la correspondencia al nivel 3 del Marco Español de Cualificaciones para la Educación Superior.

Para más amplia información de interés consultar el apartado referido al MECES.

Nota: En el apartado de Títulos de los Centros Superiores de Ciencias Eclesiásticas, vienen reconocidos a efectos civiles Títulos Oficiales Universitarios de Doctor (Música).

ORIENTACIÓN PROFESIONAL

GRUPO DE CLASIFICACIÓN PUESTOS DE TRABAJO (TREBEP)

El presente trabajo trata de dar a conocer las titulaciones de música y sus posibilidades de empleabilidad en las Administraciones Públicas, es por ello que las convocatorias a los diferentes puestos de trabajo incluyen el grupo de clasificación de acuerdo con la titulación exigida para los mismos según el Real Decreto Legislativo 5/2015, de 30 de octubre, de la Ley del Estatuto Básico del Empleado Público (TREBEP).

(BOE de 30 octubre de 2015).

Los puestos de funcionario público de la Administración Pública se clasifican, de acuerdo con la titulación exigida para el acceso a los mismos, en 3 grandes grupos, estableciéndose un grupo A, con dos subgrupos A1 y A2; un grupo B y un grupo C, a su vez con los subgrupos C1 y C2, también existe el grupo E, que engloba a la agrupación profesional o cuerpo subalterno.

Grupo A

Para el acceso a los cuerpos o escalas de este Grupo A de funcionarios se exigirá estar en posesión del Título Universitario de Grado. En aquellos supuestos en los que la Ley exija otro título universitario será este el que se tenga en cuenta.

Esta agrupación está dividida en dos subgrupos, el A1 y A2, según la titulación exigida para el ingreso.

Subgrupo A1

Se exige tener la titulación de Licenciatura, Ingeniería, Arquitectura o equivalente.

Los funcionarios del grupo A1 realizarán funciones directivas de gestión, inspección, ejecución, control, estudio y propuesta de carácter administrativo de nivel superior.

Subgrupo A2

Se exige tener la titulación de Diplomatura, Ingeniería técnica, Arquitectura técnica o equivalente.

Los funcionarios del grupo A2, que ocuparán puestos del Cuerpo de Gestión, realizarán funciones de colaboración en funciones administrativas de nivel superior y tareas propias de gestión administrativa, no específica de Técnicos Superiores. Así, por ejemplo, será el personal de apoyo de un Jefe de Servicio o de los Jefes de Sección en Personal, Administración, etc.

Grupo B

Para el acceso a los cuerpos o escalas del Grupo B de funcionarios se exigirá estar en posesión del título de Formación Profesional de Grado Superior o Técnico Superior en FP. Estos funcionarios se encargan fundamentalmente de tareas de ejecución y gestión.

Grupo C

Dividido en dos subgrupos el Grupo C de funcionarios, el C1 y C2, según la titulación exigida para el ingreso.

Subgrupo C1

Precisan el título de Bachillerato o Formación Profesional de Grado Medio o Técnico en FP, Bachiller superior, FP2 o equivalente.

Los funcionarios del grupo C1 realizarán funciones de colaboración en la realización y aporte de datos de informes, propuestas, expedientes; control, seguimiento, registro y archivo de expedientes y documentación, manejo de terminales de ordenador, tratamiento de textos; comprobación y realización de cálculos y operaciones de contabilidad de complejidad media, etc., que ocuparán puestos del Cuerpo Administrativo.

Subgrupo C2

Precisan el título de graduado en ESO, Graduado Escolar, FP1 o equivalente.

Los funcionarios del grupo C2 realizarán tareas de atención al público, mecanografiado de documentos, incorporación de los documentos a los expedientes, así como su archivo y registro, comprobación y realización de operaciones simples y repetitivos, utilización de terminales de ordenador para cálculo, tratamiento de textos y otros programas de ofimática básica y en general, realización de actividades administrativas elementales con arreglo a instrucciones recibidas o normas existentes, que ocuparán puestos del Cuerpo Auxiliar.

Grupo E

Finalmente, en cuanto a este Grupo E de funcionarios de la Agrupación Profesional (Cuerpo Subalterno), se ocuparán de tareas de vigilancia, custodia, porteo u otras análogas (recibir y repartir correspondencia, manejar y cuidar los aparatos reprográficos, vigilar y cuidar el buen estado y limpieza del edificio, comprobar la identidad de los visitantes, informar sobre la ubicación de las diferentes dependencias, etc.). Para acceder al grupo E no se exige estar en posesión de ninguna de las titulaciones previstas en el sistema educativo.

ENSEÑANZAS ELEMENTALES DE MÚSICA

ORIENTACIÓN PROFESIONAL

DIPLOMA ELEMENTAL (Decreto 2618/1966).

CERTIFICADO DE GRADO ELEMENTAL-LOGSE

CERTIFICADO o TÍTULO DE LAS ENSEÑANZAS ELEMENTALES según cada Comunidad Autónoma de acuerdo a lo que establece el artículo 48.1 de la Ley Orgánica 2/2006, de 3 de mayo, de Educación (LOE).

Como requisito de formación-cualificación de los Maestros/as para impartir Música en Centros Privados de Educación Infantil y Educación Primaria.

Como requisito de formación-cualificación para el desempeño en régimen de interinidad del Cuerpo de Maestros/as (Música).

Como requisito específico de formación para trabajar como Monitor/a en Escuela de Música.

63

Obtención Directa del Certificado de Enseñanzas Elementales de Música y Danza

Las Administraciones Educativas de la Comunidad Valenciana y de las Islas Baleares convocan cada curso académico pruebas específicas para la Obtención Directa del Certificado de Enseñanzas Elementales de Música y de Danza.

Comunidad Valenciana

Decreto 159/2007, de 21 de septiembre (DOCV de 25 de septiembre de 2007) y Título V y Anexo XIV de la Orden 28/2011, de 10 de mayo (DOCV de 17 de mayo de 2011).

Islas Baleares

Orden de la Consejería de Educación y Cultura de 26 de marzo de 2002, mediante la cual se regula el procedimiento para la obtención del certificado de grado elemental de música (BOIB de 16 de abril de 2002).

LAS ENSEÑANZAS ELEMENTALES DE MUSICA, como requisito complementario de formación que habilita a los Maestros/as para impartir Música en Centros Privados de Educación Infantil y Educación Primaria

(Extracto) REAL DECRETO 476/2013, de 21 de junio, por el que se regulan las condiciones de cualificación y formación que deben poseer los maestros de los centros privados de Educación Infantil y de Educación Primaria.
(BOE de 13 de julio de 2013).

El citado R.D. establece lo siguiente:
Artículo 5. Enseñanzas de Música, de Educación Física y de Lengua Extranjera (Inglés, Francés, Alemán) en la Educación Primaria.

Los maestros que carezcan de la mención cualificadora, requisitos o especialidad indicada podrán impartir las enseñanzas de Música en centros docentes privados de Educación Primaria siempre que estén en posesión de alguno de los siguientes requisitos:

a) **Enseñanzas de Música:**

5.º **Diploma elemental** o haber cursado las enseñanzas de Solfeo y Teoría de la Música, Conjunto Coral e Instrumento correspondientes al grado elemental conforme al Decreto 2618/1966, de 10 de septiembre.

Nota: A falta de actualizar por el Ministerio de Educación, el Real Decreto no recoge los correspondientes Títulos o Certificados de las Enseñanzas Elementales de Música o Danza de la Leyes Orgánicas de Educación 1/1990, de 3 de octubre y 2/2006, de 3 de mayo. Sin embargo, sí se recogen en algunas convocatorias de comunidades autónomas de acceso a interinidades del Cuerpo de Maestros/as.

LAS ENSEÑANZAS ELEMENTALES DE MUSICA, como requisito complementario de formación para el desempeño o acceso en régimen de interinidad del Cuerpo de Maestros/as (Música)

Ejemplo:

COMUNIDAD AUTÓNOMA DE CANTABRIA

(Extracto) ORDEN ECD/16/2018, de 1 de marzo, que establece las titulaciones específicas para el acceso a las listas de aspirantes a desempeñar puestos docentes en régimen de interinidad en centros docentes de la Consejería competente en materia de Educación de la Comunidad Autónoma de Cantabria (Boletín Oficial de Cantabria de 9 de marzo de 2018).

Anexo II
Titulaciones requeridas para el desempeño
de puestos docentes

Cuerpo de Maestros/as (Música)

Estar en posesión del Diploma Elemental o haber cursado las enseñanzas correspondientes al Grado Elemental de acuerdo a la Ley Orgánica de 1966, de la Ley 1/1990 o de la Ley Orgánica 2/2006.

Selección de convocatorias de comunidades autónomas con similares condiciones de titulación:

COMUNIDAD AUTÓNOMA DE CASTILLA-LA MANCHA

Orden 32/2018, de 22 de febrero, de la Consejería de Educación, Cultura y Deportes (Diario Oficial de Castilla-La Mancha de 28 de febrero de 2018-núm. 42).

COMUNIDAD DE MADRID

Resolución de 19 de mayo de 2023, de la Dirección General de Recursos Humanos de la Consejería de Educación de la Comunidad de Madrid (Boletín Oficial de la Comunidad de Madrid de 25 de mayo de 2023-núm. 123).

LAS ENSEÑANZAS ELEMENTALES DE MUSICA, como requisito específico de formación para el acceso como Monitor/a en Escuela Municipal de Música

Comunidad Autónoma de Castilla-La Mancha
Monitores/as de la Escuela de Música del Ayuntamiento de Bolaños de Calatrava (Boletín Oficial Provincia de Ciudad Real de 30 de diciembre de 2022-núm. 250).

Comunidad Autónoma de Extremadura
Monitor/a Formador/a de la Escuela de Música del Ayuntamiento de Moraleja (Boletín Oficial Provincia de Cáceres de 24 de junio de 2024-núm. 119).

TÍTULO DE PROFESOR (PLAN 66)
DIPLOMA DE CANTANTE DE ÓPERA

ORIENTACIÓN PROFESIONAL

Título de ProfesorDecreto 2618/1966 (Plan 66) Diploma de Cantante Ópera de la Escuela Superior de Canto de Madrid. Decreto 313/1970, de 29 de enero

Como requisito de titulación para la adquisición de nueva especialidad de Música del Cuerpo de Maestros/as (Decreto adquisición nuevas especialidades).

Como titulación que cualifica-capacita a los Maestros/as para impartir Música en Centros Privados de Educación Infantil y Educación Primaria.

Como título complementario habilitante para el acceso en régimen de interinidad al Cuerpo de Maestros/as (Música).

Como titulación complementaria que cualifica-capacita al profesorado para ejercer la docencia en Centros Privados de Educación Secundaria Obligatoria (ESO).

Como titulación complementaria habilitante para el acceso en régimen de interinidad al Cuerpo de Profesores de Enseñanza Secundaria (Especialidad Música).

Como titulación habilitante para el acceso en régimen de interinidad al Cuerpo de Profesores de Música y Artes Escénicas.

TÍTULO DE PROFESOR (PLAN 66) DIPLOMA DE CANTANTE DE ÓPERA

ORIENTACIÓN PROFESIONAL

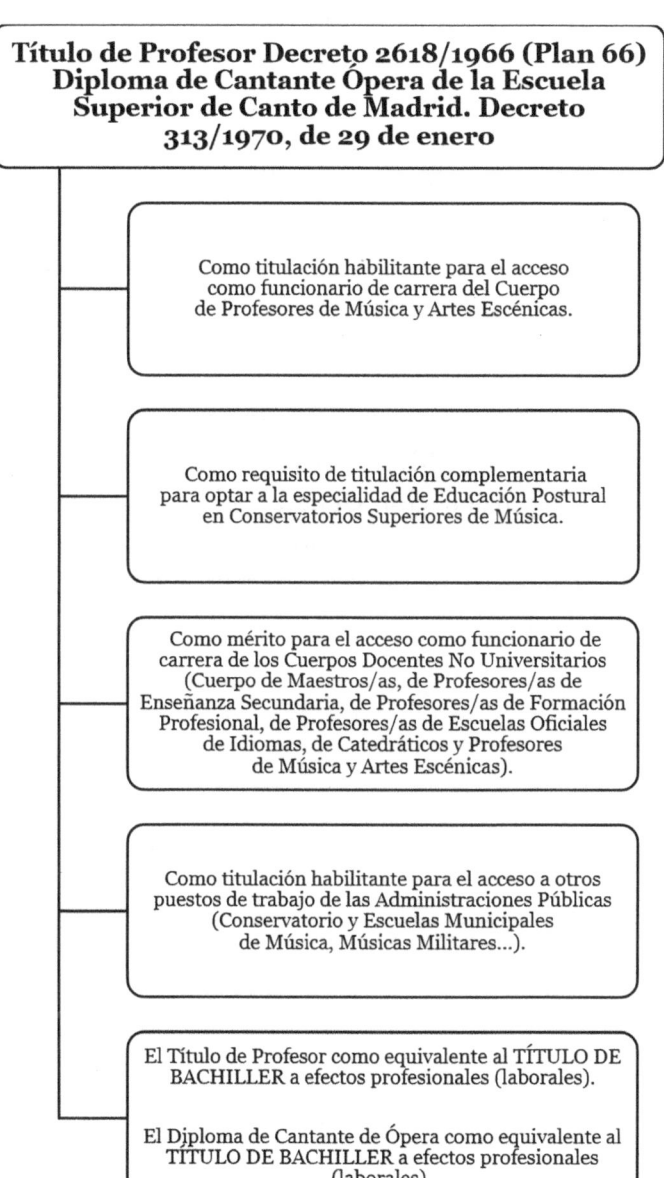

Título de Profesor Decreto 2618/1966 (Plan 66) Diploma de Cantante Ópera de la Escuela Superior de Canto de Madrid. Decreto 313/1970, de 29 de enero

Como titulación habilitante para el acceso como funcionario de carrera del Cuerpo de Profesores de Música y Artes Escénicas.

Como requisito de titulación complementaria para optar a la especialidad de Educación Postural en Conservatorios Superiores de Música.

Como mérito para el acceso como funcionario de carrera de los Cuerpos Docentes No Universitarios (Cuerpo de Maestros/as, de Profesores/as de Enseñanza Secundaria, de Profesores/as de Formación Profesional, de Profesores/as de Escuelas Oficiales de Idiomas, de Catedráticos y Profesores de Música y Artes Escénicas).

Como titulación habilitante para el acceso a otros puestos de trabajo de las Administraciones Públicas (Conservatorio y Escuelas Municipales de Música, Músicas Militares...).

El Título de Profesor como equivalente al TÍTULO DE BACHILLER a efectos profesionales (laborales).

El Diploma de Cantante de Ópera como equivalente al TÍTULO DE BACHILLER a efectos profesionales (laborales).

Como requisito de titulación para la adquisición de nueva especialidad de Música del Cuerpo de Maestros/as (Decreto adquisición nuevas especialidades)

(Extracto) REAL DECRETO 1594/2011, de 4 de noviembre, por el que se establecen las especialidades docentes del Cuerpo de Maestros que desempeñen sus funciones en las etapas de Educación Infantil y de Educación Primaria reguladas en la Ley Orgánica 2/2006, de 3 de mayo, de Educación, establece las especialidades docentes del Cuerpo de Maestros y regula la forma de adquirir las diferentes especialidades. Entre los requisitos para la adquisición de nueva especialidad (Música).
(BOE de 9 de noviembre de 2011).

El citado R.D. reconoce lo siguiente:
Título Superior de Música de la Ley Orgánica 1/1990, de 3 de octubre, de Ordenación General del Sistema Educativo, o titulaciones declaradas equivalentes a efectos de docencia.
Título Profesional de Música de la Ley Orgánica 1/1990 o de la Ley Orgánica 2/2006.

Como titulación que cualifica-capacita a los maestros/as para impartir Música en centros privados de Educación Infantil y Educación Primaria

(Extracto) REAL DECRETO 476/2013, de 21 de junio, por el que se regulan las condiciones de cualificación y formación que deben poseer los maestros de los centros privados de Educación Infantil y de Educación Primaria. (BOE de 13 de julio de 2013).

El citado R.D. establece lo siguiente:

Artículo 5. Enseñanzas de Música, de Educación Física y de Lengua Extranjera (Inglés, Francés, Alemán) en la Educación Primaria.

Los maestros que carezcan de la mención cualificadora, requisitos o especialidad indicada podrán impartir las enseñanzas de Música en centros docentes privados de Educación Primaria siempre que estén en posesión de alguno de los siguientes requisitos:

a) Enseñanzas de Música:

3.º Título Superior de Música de la Ley Orgánica 1/1990, de 3 de octubre, de Ordenación General del Sistema Educativo, o titulaciones declaradas equivalentes a efectos de docencia.

4.º Título Profesional de Música de la Ley Orgánica 1/1990, de 3 de octubre, o de la Ley Orgánica 2/2006, de 3 de mayo.

5.º Diploma elemental o haber cursado las enseñanzas de Solfeo y Teoría de la Música, Conjunto Coral e Instrumento correspondientes al grado elemental conforme al Decreto 2618/1966, de 10 de septiembre.

Como títulos complementarios habilitantes para el desempeño en régimen de interinidad del Cuerpo de Maestros/as (Música)

Ejemplo:

COMUNIDAD AUTÓNOMA DE EXTREMADURA

(Extracto) RESOLUCIÓN de 4 de diciembre de 2023, de la Dirección General de Personal Docente, por la que se actualizan las titulaciones que habilitan para el desempeño de puestos en régimen de interinidad en plazas de los Cuerpos docentes no universitarios de la Comunidad Autónoma de Extremadura. (Diario Oficial de Extremadura de 18 de diciembre de 2023).

Anexo I
Titulaciones exigidas

Maestro de cualquier especialidad que además tenga el Título Superior de Música de la Ley 1/1990, de 3 de octubre, o titulaciones declaradas equivalentes a efectos de docencia.

Selección de convocatorias de CC. AA., con similares condiciones de titulación:

COMUNIDAD AUTÓNOMA DE LA RIOJA

Orden EDC/33/2021, de 17 de junio, de la Consejería de Educación, Cultura, Deporte y Juventud (Boletín Oficial de La Rioja de 18 de junio de 2021-núm. 118).

COMUNIDAD AUTÓNOMA DE CANTABRIA

Orden ECD/16/2018, de 1 de marzo, de la Consejería de Educación, Cultura y Deporte de la Comunidad Autónoma de Cantabria (Boletín Oficial Cantabria de 9 de marzo de 2018-núm. 49).

COMUNIDAD AUTÓNOMA DE CANARIAS

Orden de 5 de mayo de 2018 de la Consejería de Educación y Universidades (Boletín Oficial de Canarias de 11 de mayo de 2018-núm. 91).

COMUNIDAD AUTÓNOMA DE CASTILLA-LA MANCHA

Orden 32/2018, de 22 de febrero, de la Consejería de Educación, Cultura y Deportes (Diario Oficial de Castilla-La Mancha de 28 de febrero de 2018-núm. 42).

COMUNIDAD FORAL DE NAVARRA

Orden Foral 51/2018, de 7 de junio, de la Consejería de Educación (Boletín Oficial de Navarra de 19 de junio de 2018-núm. 117).

Como titulación complementaria que cualifica-capacita al profesorado para ejercer la docencia en centros privados de Educación Secundaria Obligatoria (ESO)

(Extracto) REAL DECRETO 187/2023, de 21 de marzo, por el que se modifica el Real Decreto 860/2010, de 2 de julio, por el que se regulan las condiciones de formación inicial del profesorado de los centros privados para ejercer la docencia en las enseñanzas de educación secundaria obligatoria o de bachillerato, y se establece, a efectos de continuidad de la actividad docente en estos centros, la correspondencia entre determinadas materias. (BOE de 22 de marzo de 2023).

Anexo I

Condiciones para impartir las materias de la Educación Secundaria Obligatoria (ESO) y del Bachillerato (BTO) en centros privados.

Condiciones de formación inicial:

Cualquier título de Licenciado, Ingeniero, Arquitecto, Graduado o Graduada o equivalente, y acreditar estar en posesión del Título de Técnico de las Enseñanzas Profesionales de Música o Danza o del Título Profesional de Música (artículo 42.2 de la Ley Orgánica 1/1990, de 3 de octubre, o artículo 50.1 de la Ley Orgánica 2/2006, de 3 de mayo) o el **Título de Profesor regulado en el Decreto 2618/1966, de 10 de septiembre, de Reglamentación General de los Conservatorios de Música.**

Nivel: Educación Secundaria Obligatoria (ESO).

Materias: Música.

Nota: El profesorado que imparta Educación Secundaria Obligatoria o Bachillerato deberá acreditar la formación pedagógica y didáctica establecida en el artículo 100.2 de la Ley Orgánica 2/2006, de 3 de mayo, de Educación, por tanto, estar en posesión del correspondiente título de Máster regulado por la Orden ECI/3858/2007, de 27 de diciembre, por la que se establecen los requisitos de verificación de los títulos universitarios oficiales que habiliten para el ejercicio de las profesiones de profesor de Educación Secundaria Obligatoria y Bachillerato, Formación Profesional y Enseñanza de Idiomas.

TÍTULO DE PROFESOR (Decreto 2618/1966)

CONDICIONES PARA IMPARTIR LAS MATERIAS DE LA EDUCACION SECUNDARIA OBLIGATORIA (ESO) Y DEL BACHILLERATO (BTO) EN CENTROS PRIVADOS

MATERIAS DE LA ESO

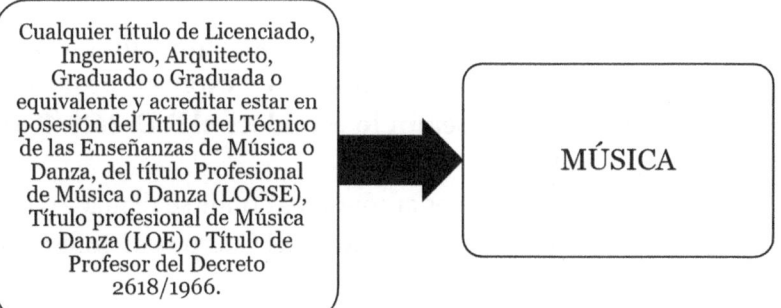

Como titulación complementaria habilitante para el acceso en régimen de interinidad al Cuerpo de Profesores de Enseñanza Secundaria (Especialidad Música)

Ejemplo:

COMUNIDAD DE MADRID

(Extracto) RESOLUCIÓN de 19 de mayo de 2023, de la Dirección General de Recursos Humanos, por la que se regula la formación de las listas de aspirantes a desempeñar puestos docentes en régimen de interinidad de todos los Cuerpos Docentes no Universitarios (maestros, profesores de Enseñanza Secundaria, profesores de Música y Artes Escénicas...), para el curso 2022-2023.

(Boletín Oficial de la Comunidad de Madrid de 25 de mayo de 2023).

Anexo I
Titulaciones para el desempeño de puestos
en régimen de interinidad

Cualquier titulación universitaria requerida para el ingreso en este Cuerpo y especialidad y estar en posesión del Título de Profesor, según lo establece el R.D. 2618/1966 de 10 de septiembre.

Selección de comunidades autónomas donde se regula y convocan plazas en régimen de interinidad del Cuerpo de Profesores de Enseñanza Secundaria:

CIUDADES AUTÓNOMAS DE CEUTA Y MELILLA (MEC)

Orden EFP/529/2023, de 26 de mayo, por la que se modifica la Orden ECD/697/2017, de 24 de julio, por la que se regula la formación de listas de aspirantes a desempeñar en régimen de interinidad plazas de los cuerpos docentes contemplados en la Ley Orgánica 2/2006, de 3 de mayo, de Educación, en las ciudades de Ceuta y Melilla (BOE de 30 de mayo de 2023-núm. 128).

COMUNIDAD AUTÓNOMA DE ANDALUCÍA

Orden de 18 de junio de 2018, de la Consejería de Educación de la Junta de Andalucía (Boletín Oficial de la Junta de Andalucía de 21 de junio de 2018-núm. 119).

COMUNIDAD AUTÓNOMA DE EXTREMADURA

Resolución de 4 de diciembre de 2023, de la Dirección General de Personal Docente, por la que se actualizan las titulaciones que habilitan para el desempeño de puestos en régimen de interinidad en plazas de los Cuerpos docentes no universitarios de la Comunidad Autónoma de Extremadura (Diario Oficial de Extremadura de 18 de diciembre de 2023-núm. 240).

COMUNIDAD AUTÓNOMA DE GALICIA

Orden de 20 de noviembre de 2019, de la Consellería de Educación, Universidad y Formación Profesional (Diario Oficial de Galicia de 11 de diciembre de 2019-núm. 235).

COMUNIDAD AUTÓNOMA DE CANTABRIA

Orden ECD/16/2018, de 1 de marzo, de la Consejería de Educación, Cultura y Deporte de la Comunidad Autónoma de Cantabria (Boletín Oficial Cantabria de 9 de marzo de 2018-núm. 49).

COMUNIDAD AUTÓNOMA CASTILLA LA-MANCHA

Orden 32/2018, de 22 de febrero, de la Consejería de Educación, Cultura y Deportes (Diario Oficial de Castilla-La Mancha de 28 de febrero de 2018-núm. 42).

COMUNIDAD AUTÓNOMA DE LA RIOJA

Orden EDC/33/2021, de 17 de junio, de la Consejería de Educación, Cultura, Deporte y Juventud (Boletín Oficial de La Rioja de 18 de junio de 2021-núm. 118).

COMUNIDAD AUTÓNOMA DE CANARIAS

Orden de 5 de mayo de 2018 de la Consejería de Educación y Universidades (Boletín Oficial de Canarias de 11 de mayo de 2018-núm. 91).

Como habilitante para el acceso en régimen de interinidad al Cuerpo de Profesores de Música y Artes Escénicas

Ejemplo:

COMUNIDAD DE MADRID
(Extracto) RESOLUCIÓN de 19 de mayo de 2023, de la Dirección General de Recursos Humanos, por la que se regula la formación de las listas de aspirantes a desempeñar puestos docentes en régimen de interinidad de todos lo Cuerpo Docentes no Universitarios (maestros, profesores de Enseñanza Secundaria, profesores de Música y Artes Escénicas...) para el curso 2022-2023.
(Boletín Oficial de la Comunidad de Madrid de 25 de mayo de 2023).

Anexo I
Titulaciones para el desempeño
de puestos en régimen de interinidad

Título de Profesor, expedido al amparo del Decreto 2618/1966, de 10 de septiembre, en la especialidad correspondiente.

Selección de comunidades autónomas donde se regula el acceso en régimen de interinidad al Cuerpo de Profesores de Música y Artes Escénicas:

COMUNIDAD AUTÓNOMA DE EXTREMADURA
Resolución de 4 de diciembre de 2023, de la Dirección General de Personal Docente, por la que se actualizan las titulaciones que habilitan para el desempeño de puestos en régimen de interinidad en plazas de los Cuerpos docentes no universitarios de la Comunidad Autónoma de Extremadura (Diario Oficial de Extremadura de 18 de diciembre de 2023-núm. 240).

COMUNIDAD AUTÓNOMA DE ANDALUCÍA
Orden de 10 de junio de 2020, por la que se regulan los procedimientos de provisión, con carácter provisional, de puestos de trabajo docentes, la movilidad por razón de violencia de género y víctimas de terrorismo, las bolsas de trabajo docentes, así como las bases aplicables al personal integrante de las mismas (Boletín Oficial de la Junta de Andalucía de 18 de junio de 2020-núm. 116).
COMUNIDAD AUTÓNOMA DE ASTURIAS
Resolución de 22 de mayo de 2017, de la Consejería de Educación y Cultura, por la que se establecen las titulaciones necesarias para el desempeño de puestos en régimen de interinidad (Boletín Oficial del Principado de Asturias de 12 de junio de 2017-núm. 134).

Nota: De acuerdo con lo que se establece en la disposición transitoria primera del Reglamento de ingreso, aprobado por el Real Decreto 276/2007, hasta que no se regule para cada enseñanza la formación pedagógica y didáctica establecida en el artículo 100.2 de la Ley orgánica 2/2006, de 3 de mayo, no se exige esta formación a los aspirantes al ingreso en este Cuerpo.

Como titulación habilitante para el acceso como funcionario de carrera del Cuerpo de Profesores de Música y Artes Escénicas

Requisito: Doctor, Licenciado, Ingeniero, Arquitecto o el título de Grado correspondiente u otros títulos equivalentes a efectos de docencia.

Convocatorias
Cuerpo de Profesores de Música y Artes Escénicas

Selección de convocatorias de procesos selectivos de comunidades autónomas:

Convocatoria procesos selectivos del Cuerpo de Profesores de Música y Artes Escénicas de la Comunidad Autónoma de la Región de Murcia (Boletín Oficial de la Región de Murcia de 5 de marzo de 2020).

Convocatoria procesos selectivos del Cuerpo de Profesores de Música y Artes Escénicas de la Comunidad Valenciana (Diario Oficial de la Generalitat Valenciana de 26 de noviembre de 2020).

Convocatoria procesos selectivos del Cuerpo de Profesores de Música y Artes Escénicas de la Comunidad de Madrid (Boletín Oficial Comunidad de Madrid de 8 de febrero de 2022).

Convocatoria procesos selectivos del Cuerpo de Profesores de Música y Artes Escénicas de la Comunidad Autónoma de Castilla y León (Boletín Oficial de Castilla y León de 22 de diciembre de 2022).

Convocatoria procesos selectivos del Cuerpo de Profesores de Música y Artes Escénicas de la Comunidad Autónoma de La Rioja (Boletín Oficial de La Rioja de 9 de marzo de 2023).

Convocatoria procesos selectivos del Cuerpo de Profesores de Música y Artes Escénicas de la Comunidad Autónoma de Extremadura (Diario Oficial de Extremadura de 16 de marzo de 2023).

Convocatoria procesos selectivos del Cuerpo de Profesores de Música y Artes Escénicas de la Comunidad Autónoma de Cantabria (Boletín Oficial de Cantabria de 29 de marzo de 2023).

Nota: De acuerdo con lo que se establece en la disposición transitoria primera del Reglamento de ingreso, aprobado por el Real Decreto 276/2007, de 23 de febrero, hasta que no se regule para cada enseñanza la formación pedagógica y didáctica establecida en el artículo 100.2 de la Ley Orgánica 2/2006, de 3 de mayo, no se exige esta formación a los aspirantes al ingreso en este Cuerpo.

Como requisito de titulación complementaria para el acceso en régimen de interinidad a la especialidad de Educación Postural en Conservatorios Superiores de Música

(Extracto) ORDEN de 10 de junio de 2020, de la Consejería de Educación de la Junta de Andalucía, por la que se regulan los procedimientos de provisión, con carácter provisional, de puestos de trabajo docentes, la movilidad por razón de violencia de género y víctimas de terrorismo, las bolsas de trabajo docentes, así como las bases aplicables al personal integrante de las mismas, establece en el Capítulo III el procedimiento de provisión de puestos de profesorado especialista con carácter provisional, concretando en el artículo 26 el régimen de contratación de dicho profesorado.
(Boletín Oficial Junta de Andalucía de 18 de junio de 2020).

Requisito:
Una de las siguientes titulaciones:
– Licenciado en Medicina.
– Graduado o Graduada en Medicina.
– Diplomado o Graduado o Graduada en Fisioterapia.
– Licenciado en Ciencias de la Actividad Física y del Deporte.
– Graduado o Graduada en Ciencias de la Actividad Física y del Deporte.
Y, además, poseer al menos Título de Grado Medio o Profesional de Música.

Como mérito para el acceso como funcionario de carrera de los Cuerpos Docentes No Universitarios

(Extracto) REAL DECRETO 276/2007, de 23 de febrero, por el que se aprueba el Reglamento de ingreso, accesos y adquisición de nuevas especialidades en los cuerpos docentes a que se refiere la Ley Orgánica 2/2006, de 3 de mayo, de Educación, y se regula el régimen transitorio de ingreso a que se refiere la disposición transitoria decimoséptima de la citada ley.

Anexo I
Especificaciones a las que deben ajustarse los baremos de méritos para el ingreso a los Cuerpos de Maestros, Profesores de Enseñanza Secundaria, Profesores Especialistas en Sectores Singulares de Formación Profesional, Profesores de Escuelas Oficiales de Idiomas, Catedráticos y Profesores de Música y Artes Escénicas y Profesores y Maestros de Taller de Artes Plásticas y Diseño.

ESPECIFICACIONES
II. Formación académica

2.4 Titulaciones de enseñanzas de régimen especial y de la formación profesional específica:

Las titulaciones de enseñanzas de régimen especial otorgadas por las Escuelas Oficiales de Idiomas, Conservatorios Profesionales y Superiores de Música y Escuelas de Arte, así como las de la formación profesional específica, caso de no haber sido las alegadas como requisito para ingreso en la función pública docente o, en su caso, no hayan sido necesarias para la obtención del título alegado, se valorarán de la forma siguiente:

a) Por cada título Profesional de Música o Danza: 0,500 puntos.

b) Por cada Certificado de nivel avanzado o equivalente de Escuelas Oficiales de Idiomas: 0,500 puntos.

c) Por cada Título de Técnico Superior de Artes Plásticas y Diseño: 0,200 puntos.

d) Por cada Título de Técnico Superior de Formación Profesional: 0,200 puntos.

e) Por cada Título de Técnico Deportivo Superior: 0,200 puntos.

Como titulación habilitante para el acceso a otros puestos de trabajo de la Administración Pública (conservatorios y escuelas municipales de Música, bandas municipales de Música...).

Nota: Se destacan en negrita aquellas convocatorias que expresan con diferentes denominaciones para una misma titulación (Plan 66, Decreto 2618/1966, Título de Profesor o Título de Grado Medio).

Directores/as de Conservatorio y Escuelas Municipales de Música

Director/a de la Escuela Municipal de Música del Ayuntamiento de Andújar (Boletín Oficial Provincia de Jaén de 10 de junio de 2022). **Requisito: Título de Grado Medio Plan 66.**

Director/a de la Escuela de Música del Ayuntamiento de La Robla (Boletín Oficial Provincia de León de 20 de diciembre de 2022). **Requisito: Título de Grado Medio o Profesional.**

Director/a de la Escuela de Música del Ayuntamiento de Lora del Río (Boletín Oficial Provincia de Sevilla de 21 de diciembre de 2022).

Director/a Escuela de Música del Ayuntamiento de Briviesca (Boletín Oficial de Castilla y León de 21 de diciembre de 2022).

Director/a de la Escuela Municipal de Música del Ayuntamiento de Graus (Boletín Oficial Provincia de Huesca de 22 de diciembre de 2022).

Director/a, Secretario/a, Jefe/a de Estudios del Conservatorio de Música del Ayuntamiento de Ribeira (Boletín Oficial Provincia de A Coruña de 27 de diciembre de 2022).

Director/a de la Escuela Municipal de Música del Ayuntamiento de Monreal del Campo (Boletín Oficial Provincia de Teruel de 27 de diciembre de 2022).

Director/a de la Escuela Municipal de Mequinenza (Boletín Oficial Provincia de Zaragoza de 27 de diciembre de 2022). **Requisito: Título de Grado Medio (Plan 66).**

Director/a del Conservatorio de Música del Ayuntamiento de Gondomar (Boletín Oficial Provincia de Pontevedra de 28 de diciembre de 2022).

Director/a del Conservatorio de Música del Ayuntamiento de Arzúa (Boletín Oficial Provincia de A Coruña de 22 de febrero de 2023).

Director/a de la Escuela Municipal de Música del Ayuntamiento de Fuensalida (Boletín Oficial Provincia de Toledo de 21 de diciembre de 2023).

Director/a de la Escuela Municipal de Música del Ayuntamiento de Renedo de Esgueva (Boletín Oficial Provincia de Valladolid de 23 de abril de 2024).

Profesores/as de Conservatorio y Escuelas Municipales de Música

Profesores/as de Música del Ayuntamiento de Riba-roja (Boletín Oficial de la Provincia de Valencia de 21 de mayo de 2018). **Requisito: Título de Profesor expedido al amparo del Decreto 2618/1966, de 10 de septiembre o Diploma de Cantante de Ópera, expedido al amparo del Decreto 313/1970, de 29 de enero.**

Profesor/a del Conservatorio y Escuela Municipal de Música del Ayuntamiento de O Barco de Valdeorras (Boletín Oficial Provincia de Ourense de 29 de agosto de 2019). **Requisito: Título de profesor/a de Música (Plan 1966).**

Profesores/as de la Escuela Municipal de Música del Ayuntamiento de Cuéllar (Boletín Oficial Provincia de Segovia de 6 de septiembre de 2019). **Requisito: Título Oficial de Técnico de las Enseñanzas Profesionales de Música, Título de Profesor**

de Música, Título de Grado Medio de Música o titulaciones equivalentes.

Profesores/as de la Escuela de Música del Ayuntamiento de Villa del Prado (Boletín Oficial de la Comunidad de Madrid de 29 de junio de 2021). **Requisito: Título Profesional de Música o equivalente.**

Profesores/as del Patronato Municipal de Música de la Ciudad Autónoma de Ceuta (Boletín Oficial de la Ciudad Autónoma de Ceuta de 26 de abril de 2021). **Requisito:** Estar en posesión o en condiciones de obtener el título de doctor, ingeniero, arquitecto, licenciado **u otros títulos equivalentes a efectos de docencia. De conformidad con la disposición adicional única. 3. del Reglamento aprobado por el Real Decreto 276/2007, de 23 de febrero, es equivalente a efectos de docencia el Título de Profesor, expedido al amparo del Decreto 2618/1966, de 10 de septiembre.**

Profesor/a de la Escuela Municipal de Música y Danza del Ayuntamiento de Daganzo (Boletín Oficial de la Comunidad de Madrid de 8 de noviembre de 2021). **Requisito: Título de Profesor Plan de estudios de 1966 o Título Profesional LOGSE, Título Profesional LOE, Técnico de las Enseñanzas Profesionales de Música.**

Monitor/a Cultural (Música) del Ayuntamiento de Alameda de la Sagra (Boletín Oficial de la Provincia de Toledo de 20 de julio de 2022). **Requisito: Título de Grado Medio de Música (profesor de Música) o equivalente.**

Profesores/as del Conservatorio de Música del Ayuntamiento de Sagunto (Boletín Oficial Provincia de Valencia de 18 de agosto de 2022). **Requisito: Título de Profesor al amparo del Decreto 2618/1966.**

Profesor/a de Música del Ayuntamiento de Pilar de la Horadada (Boletín Oficial Provincia de Alicante de 31 de octubre de 2022). **Requisito: Título de Profesor (Grado Medio) conforme al Decreto 2618/1966, de 10 de septiembre.**

Profesores/as del Conservatorio de Música (incluye Canto) del Ayuntamiento de Carballo (Boletín Oficial Provincia de A Coruña de 2 de diciembre de 2022).

Profesores/as de la Escuela de Música del Ayuntamiento de Rivas Vaciamadrid (Boletín Oficial Comunidad de Madrid de 12 de diciembre de 2022). **Requisito: Título de Grado Medio (Plan 1966).**

Profesor/a de la Escuela Municipal de Música del Ayuntamiento de Simancas (Boletín Oficial Provincia de Valladolid de 13 de diciembre de 2022). **Requisito: Título de Grado Medio de Música de acuerdo al Decreto 2618/1966, de 10 de septiembre.**

Monitor/a de Música de la Escuela Municipal de Música del Ayuntamiento de Tineo (Boletín Oficial Principado de Asturias de 22 de diciembre de 2022). **Requisito: Título de Grado Medio (Plan 1966) o equivalente.**

Profesores/as del Conservatorio de Música del Ayuntamiento de Carlet (Boletín Oficial Provincia de Valencia de 23 de diciembre de 2022). **Requisito: (Plan 1966).**

Técnico/a Medio de Música del Ayuntamiento de Jerez de la Frontera (Boletín Oficial Provincia de Cádiz de 29 de diciembre de 2022). **Requisito: Título de Profesor de Grado Medio de Música.**

Profesores/as de Música del Conservatorio Municipal de Música del Ayuntamiento de Jávea (Boletín Oficial Provincia de Alicante de 2 de diciembre de 2022).

Profesores/as del Conservatorio de Música del Ayuntamiento de Monforte de Lemos (Boletín Oficial Provincia de Lugo de 10 de diciembre de 2022). **Requisito: Título de Profesor (Plan 66).**

Profesores/as de Música del Ayuntamiento de Tacoronte (Boletín Oficial Provincia de Santa Cruz de Tenerife de 30 de diciembre de 2022). **Requisito: Título Superior de Música o Título de Grado correspondiente u otros títulos equivalentes a efectos de docencia.**

Profesores/as de la Escuela Municipal de Música del Ayuntamiento de Baiona (Boletín Oficial Provincia de Pontevedra de 30 de diciembre de 2022). **Requisito: Título de Grado Medio Profesional de Música.**

Profesores/as del Conservatorio Municipal de Danza del Ayuntamiento de Vitoria-Gasteiz (Boletín Oficial del Territorio Histórico de Álava de 28 de diciembre de 2022).

Profesores/as de Música del Ayuntamiento de Agurain (Boletín Oficial del Territorio Histórico de Álava de 26 de diciembre de 2022). **Requisito: Titulación media musical o equivalente.**

Profesor/a de la Escuela Municipal de Mequinenza (Boletín Oficial Provincia de Zaragoza de 27 de diciembre de 2022). **Requisito: Título de Grado Medio (Plan 66).**

Profesores/as de Música del Ayuntamiento de Nerja (Boletín Oficial Provincia de Málaga de 29 de diciembre de 2022). **Requisito: Título de Grado Medio de Música (Título de Profesor).**

Profesor/a de Música del Ayuntamiento de Olás del Rey (Boletín Oficial Provincia de Toledo de 30 de diciembre de 2022). **Requisito: Título de Grado Medio (Título de Profesor).**

Profesores/as de Música del Ayuntamiento de Badajoz (Boletín Oficial Provincia de Badajoz de 22 de noviembre de 2023).

Profesores/as de Música del Ayuntamiento de Chapinería (Boletín Oficial de la Comunidad de Madrid de 5 de febrero de 2024). **Requisito: Título de Grado Medio de Música o equivalente.**

Profesores/as de Música del Ayuntamiento de Gáldar (Boletín Oficial Provincia de Las Palmas de 5 de abril de 2024). **Requisito: Se deberá estar en posesión de alguna/s de las siguientes titulaciones: Título de Profesor de Grado Medio, de conformidad a lo dispuesto en el Real Decreto Legislativo 1542/1994, de 8 de julio, por el que se establecen las equivalencias entre títulos de música anteriores a la Ley Orgánica 1/1990, de 3 de octubre, de Ordenación General del Sistema Educativo, y los establecidos en dicha Ley.**

Profesores/as del Conservatorio de Música de la Mancomunidad de Servicios del Valle del Nalón (Boletín Oficial Principado de Asturias de 7 de mayo de 2024). **Requisito: Título de Profesor/a de Grado Medio de Música.**

Escala de Suboficiales del Cuerpo de Músicas Militares

Escala de Suboficiales del Cuerpo de Músicas Militares (BOE de 8 de mayo de 2024). Requisito: Título de Bachiller/Título Profesional.

Reservistas Voluntarios-Cuerpo de Músicas Militares

Reservistas Voluntarios (BOE de 27 de septiembre de 2022). Requisito: Título Profesional de Música.

Directores/as de Bandas Municipales de Música

Subdirector/a de la Banda Municipal de Música del Ayuntamiento de Barakaldo (Boletín Oficial de Bizkaia de 26 de junio de 2017). **Requisito: Titulación de Profesor de Grado Medio/ Profesor de Grado Superior o equivalente.**

Director/a de la Banda Municipal de Música del Ayuntamiento de Campanario (Badajoz) (Boletín Oficial Provincia de Badajoz de 23 de marzo de 2011). **Requisito: Título de Grado Medio de Música.**

Director/a de la Banda de Música del Ayuntamiento de Mallén (Boletín Oficial Provincia de Zaragoza de 7 de noviembre de 2011). **Requisito: Título Profesional de Grado Medio.**

Director/a de la Banda de Música del Ayuntamiento de El Paso (Boletín Oficial Provincia de Santa Cruz de Tenerife de 30 de diciembre de 2022). **Requisito: Título de Grado Medio Plan 66.**

Director/a de la Banda de Música del Ayuntamiento de Outes (Boletín Oficial Provincia de A Coruña de 20 de diciembre de 2022).

Profesores/as de Bandas Municipales de Música

Profesor/a de la Banda de Música del Ayuntamiento de Santander (Boletín Oficial de Cantabria de 19 de mayo de 2009). **Requisito: Título de Profesor.**

Profesores/as de la Banda Municipal de Música del Ayuntamiento de Jaén (Boletín Oficial Provincia de Jaén de 24 de febrero de 2010). **Requisito: Título de Grado Medio en Música.**

Profesores/as de la Banda Municipal de Música del Ayuntamiento de Albacete (Boletín Oficial Provincia de Albacete de 30 de diciembre de 2011). **Requisito: Título de Diplomatura Universitaria o Título de Profesor.**

Profesores/as de la Banda Municipal de las Palmas de Gran Canaria (Boletín Oficial de la Provincia de Las Palmas de 5 de mayo de 2017). **Requisito: Título de Bachiller, Formación Profesional de 2º grado o equivalente/Título Profesional.**

Profesores/as de la Banda Municipal de Música del Ayuntamiento de Barakaldo (promoción interna) (Boletín Oficial de Bizkaia de 26 de junio de 2017). **Requisito: Titulación de Profesor de Grado Medio o equivalente.**

Profesores/as de la Banda Municipal de Música del Ayuntamiento de Badajoz (Boletín Oficial Provincia de Badajoz de 22 de octubre de 2018). **Requisito: Título Profesional/Título de Bachiller o Técnico.**

Profesores/as de la Banda Municipal del Ayuntamiento de Huelva (Boletín Oficial Provincia de Huelva de 22 de agosto de 2022). **Requisito: Título de Profesor Decreto 2618/1966 equivalente o Superior.**

Profesores/as de la Banda Municipal de Música del Ayuntamiento de Brea de Aragón (Boletín Oficial Provincia de Zaragoza de 24 de diciembre de 2022). **Requisito: Titulación de Grado Medio de Música.**

Profesor/a de la Banda de Música del Ayuntamiento de Renedo de Esgueva (Boletín Oficial Provincia de Valladolid de 23 de abril de 2024).

El TÍTULO DE PROFESOR y el DIPLOMA DE CANTANTE DE ÓPERA, como equivalentes al TÍTULO DE BACHILLER a efectos profesionales (laborales)

(Extracto) ORDEN EDU/520/2011, de 7 de marzo, por la que se establecen las equivalencias con los títulos de Graduado en Educación Secundaria Obligatoria y de Bachiller. (BOE de 14 de marzo de 2011).

Anexo II
Documentos oficiales para la acreditación
a que se refiere el artículo 4.5

1. Título de Profesor de música en la correspondiente especialidad, regulado en el Decreto 2618/1966, de 10 de septiembre.

3. Diploma de Cantante de Ópera, expedido al amparo del Decreto 313/1970, de 29 de enero.

TÍTULOS DE ENSEÑANZAS PROFESIONALES DE MÚSICA ORIENTACIÓN PROFESIONAL

TÍTULO PROFESIONAL DE MÚSICA- LOGSE
TÍTULO PROFESIONAL DE MÚSICA-LOE
DIPLOMA DE CANTANTE DE CONJUNTO CORAL
de la Escuela Superior de Canto de Madrid, equivalente
al Título Profesional de Música de la LOGSE
por R.D. 1120/2000, de 16 de junio.
TÍTULO DE TÉCNICO/A DE LAS ENSEÑANZAS
PROFESIONALES DE MÚSICA-LOMCE
TÍTULO PROFESIONAL DE MÚSICA-LOMLOE

Como requisito para la adquisición de nueva
especialidad de Música del Cuerpo de
Maestros/as (Decreto adquisición
nuevas especialidades).

Como título complementario habilitante
para el acceso en régimen de interinidad
al Cuerpo de Maestros/as (Música).

Como título que cualifica-capacita a los
Maestros/as para impartir Música en Centros
Privados de Educación Infantil
y Educación Primaria.

Como titulación complementaria habilitante
para el desempeño en régimen de interinidad
del Cuerpo de Profesores de
Enseñanza Secundaria (Música).

Como titulación complementaria, que cualifica-
capacita al profesorado para ejercer la docencia
en Centros Privados de Educación
Secundaria Obligatoria (ESO).

Como requisito de titulación complementaria
para optar a la especialidad de Educación
Postural en Conservatorios
Superiores de Música.

Continúa en
la página 94

TÍTULO PROFESIONAL DE MÚSICA- LOGSE
TÍTULO PROFESIONAL DE MÚSICA-LOE
DIPLOMA DE CANTANTE DE CONJUNTO CORAL de la Escuela Superior
de Canto de Madrid, equivalente al Título Profesional de Música
de la LOGSE por R.D. 1120/2000, de 16 de junio.
TÍTULO DE TÉCNICO/A DE LAS ENSEÑANZAS
PROFESIONALES DE MÚSICA-LOMCE
TÍTULO PROFESIONAL DE MÚSICA-LOMLOE

Como mérito para el acceso como funcionario de carrera de los Cuerpos
Docentes No Universitarios (Cuerpo de Maestros/as, de Profesores/as
de Enseñanza Secundaria, de Profesores/as de Formación Profesional,
de Profesores/as de Escuelas Oficiales de Idiomas, de Catedráticos
y Profesores de Música y Artes Escénicas).

Como titulación habilitante para el acceso a diversos puestos de trabajo
de las Administraciones Públicas (directores/as y profesores/as de
escuelas municipales de música, Escala de Suboficiales y Reservistas
Voluntarios del Cuerpo de Músicas Militares, directores/as
y profesores/as de bandas municipales de música).

El TÍTULO PROFESIONAL DE MÚSICA, de la Ley Orgánica 1/1990,
de 3 de octubre (LOGSE), como equivalente al TÍTULO DE
BACHILLER a efectos profesionales (laborales).

El DIPLOMA DE CANTANTE DE CONJUNTO CORAL,
como equivalente al TÍTULO DE BACHILLER
a efectos profesionales (laborales).

Nota: A falta de actualizar por parte de la Administraciones educativas, algunas de las opciones contempladas no recogen el Título de Técnico de las Enseñanzas Profesionales de Música (LOMCE) y el Título Profesional de Música (LOMLOE).

LOS TÍTULOS PROFESIONALES DE MÚSICA Y EQUIVALENTES, como requisito para la adquisición de nueva especialidad de Música del Cuerpo de Maestros/as (Decreto adquisición nuevas especialidades)

(Extracto) REAL DECRETO 1594/2011, de 4 de noviembre, por el que se establecen las especialidades docentes del Cuerpo de Maestros que desempeñen sus funciones en las etapas de Educación Infantil y de Educación Primaria reguladas en la Ley Orgánica 2/2006, de 3 de mayo, de Educación, establece las especialidades docentes del Cuerpo de Maestros y regula la forma de adquirir las diferentes especialidades.
(BOE de 9 de noviembre de 2011).

Anexo
Requisitos para la adquisición de nuevas especialidades
por el procedimiento previsto en la letra b) de el artículo 4.2

Título Profesional de Música de la Ley Orgánica 1/1990 o de la Ley Orgánica 2/2006.

Nota: A falta de que sea de actualizado por el Ministerio de Educación, el Real Decreto de adquisición de nuevas especialidades del Cuerpo de Maestros/as no recoge el Título de Técnico de las Enseñanzas Profesionales de Música o Danza de la Ley Orgánica 8/2013, de 9 de diciembre.

**LOS TÍTULOS PROFESIONALES DE MÚSICA Y EQUIVA-
LENTES, como titulaciones complementarias habilitantes
para el desempeño en régimen de interinidad del Cuerpo
de Maestros/as (Música)**

Ejemplo:

COMUNIDAD AUTÓNOMA DE CANARIAS

(Extracto) ORDEN de 5 de mayo de 2018, por la que se establecen las titulaciones académicas exigidas para la incorporación de efectivos en las listas de empleo para el desempeño en
régimen de interinidad de puestos vacantes y para sustituciones
de docentes no universitarios en la Comunidad Autónoma de
Canarias (Boletín Oficial de Canarias de 11 de mayo de 2018).

Anexo

Titulaciones académicas para acreditar la cualificación suficiente para impartir docencia en las siguientes especialidades.

Cuerpo de maestros

**Cualquier título de Licenciado, Ingeniero, Arquitecto,
Grado y acreditar estar en posesión del Título Profesional de
Música (Artículo 42.2 de la Ley Orgánica 1/1990, de 3 de octu-
bre, o artículo 50.1 de la Ley Orgánica 2/2006, de 3 de mayo).**

Selección de convocatorias de comunidades autónomas con
similares condiciones de titulación:

CIUDADES AUTÓNOMAS DE CEUTA Y MELILLA

Orden EFP/529/2023, de 26 de mayo, por la que se modifica
la Orden ECD/697/2017, de 24 de julio, por la que se regula la
formación de listas de aspirantes a desempeñar en régimen de
interinidad plazas de los cuerpos docentes contemplados en la
Ley Orgánica 2/2006, de 3 de mayo, de Educación, en las ciudades de Ceuta y Melilla (BOE de 30 de mayo de 2023-núm. 128).

COMUNIDAD AUTÓNOMA DE CANTABRIA

Orden ECD/16/2018, de 1 de marzo, de la Consejería de Educación, Cultura y Deporte de la Comunidad Autónoma de Cantabria (Boletín Oficial Cantabria de 9 de marzo de 2018-núm. 49).

COMUNIDAD AUTÓNOMA DE EXTREMADURA

Resolución de 4 de diciembre de 2023, de la Dirección General de Personal Docente, por la que se actualizan las titulaciones que habilitan para el desempeño de puestos en régimen de interinidad en plazas de los Cuerpos docentes no universitarios de la Comunidad Autónoma de Extremadura (Diario Oficial de Extremadura de 18 de diciembre de 2023-núm. 240).

COMUNIDAD AUTÓNOMA DE CASTILLA-LA MANCHA

Orden 32/2018, de 22 de febrero, de la Consejería de Educación, Cultura y Deportes (Diario Oficial de Castilla-La Mancha de 28 de febrero de 2018-núm. 42).

COMUNIDAD AUTÓNOMA DE GALICIA

Orden de 20 de noviembre de 2019, de la Consellería de Educación, Universidad y Formación Profesional (Diario Oficial de Galicia de 11 de diciembre de 2019-núm. 235).

COMUNIDAD DE MADRID

Resolución de 19 de mayo de 2023, de la Dirección General de Recursos Humanos de la Consejería de Educación e Investigación (Boletín Oficial de la Comunidad de Madrid de 25 de mayo de 2023-núm. 123).

COMUNIDAD AUTÓNOMA DE LA RIOJA

Orden EDC/33/2021, de 17 de junio, de la Consejería de Educación, Cultura, Deporte y Juventud (Boletín Oficial de La Rioja de 18 de junio de 2021-núm. 118).

LOS TÍTULOS PROFESIONALES DE MÚSICA Y EQUIVA-LENTES, como titulaciones que cualifican-capacitan a los Maestros/as para impartir Música en Centros Privados de Educación Infantil y Educación Primaria

(Extracto) REAL DECRETO 476/2013, de 21 de junio, por el que se regulan las condiciones de cualificación y formación que deben poseer los maestros de los centros privados de Educación Infantil y de Educación Primaria.
(BOE de 13 de julio de 2013).

El citado R.D. establece lo siguiente:
Artículo 5. Enseñanzas de Música, de Educación Física y de Lengua Extranjera (Inglés, Francés, Alemán) en la Educación Primaria.

Los Maestros que carezcan de la mención cualificadora, requisitos o especialidad indicada podrán impartir las enseñanzas de Música en centros docentes privados de Educación Primaria siempre que estén en posesión de alguno de los siguientes requisitos:

a) Enseñanzas de Música:

4.º Título Profesional de Música de Música de la Ley Orgánica 1/1990, de 3 de octubre, o de la Ley Orgánica 2/2006, de 3 de mayo.

Nota: A falta de la actualización por el Ministerio de Educación, el Real Decreto que regula las condiciones de cualificación y formación que deben poseer los Maestros/as para impartir en centros privados de educación infantil y Primaria, no recoge el Título de Técnico de las Enseñanzas Profesionales de Música o Danza de la Ley Orgánica 8/2013, de 9 de diciembre.

LOS TÍTULOS PROFESIONALES DE MÚSICA Y EQUIVA-LENTES, como titulaciones complementarias habilitantes para el acceso en régimen de interinidad al Cuerpo de Profesores de Enseñanza Secundaria (Especialidad Música)

Ejemplo:

Comunidad Autónoma de Andalucía

(Extracto) Orden de 10 de junio de 2020, por la que se regulan los procedimientos de provisión, con carácter provisional, de puestos de trabajo docentes, la movilidad por razón de violencia de género y víctimas de terrorismo, las bolsas de trabajo docentes, así como las bases aplicables al personal integrante de las mismas de la Consejería de Educación de la Junta de Andalucía (Boletín Oficial de la Junta de Andalucía de 18 de junio de 2020).

Anexo III
Titulaciones para el desempeño de puestos en régimen de interinidad en el Cuerpo de Profesores de Enseñanza Secundaria

Licenciado, Graduado o Graduada, Arquitecto, Ingeniero o titulación equivalente y estar en posesión del título de Profesor o Profesional o de Técnico de Enseñanzas Profesionales de Música en cualquiera de sus especialidades.

Selección de la Comunidad Autónoma de Canarias con similar requisito de titulación:

Comunidad Autónoma de Canarias

Orden de 5 de mayo de 2018, por la que se establecen las titulaciones académicas exigidas para la incorporación de efectivos en las listas de empleo para el desempeño en régimen de interinidad de puestos vacantes y para sustituciones de docentes no universitarios en la Comunidad Autónoma de Canarias (Boletín Oficial de Canarias de 11 de mayo de 2018-núm. 91).

LOS TÍTULOS PROFESIONALES DE MÚSICA Y EQUIVA-LENTES, como titulaciones complementarias, que cualifi-can-capacitan al profesorado para ejercer la docencia en Centros Privados de Educación Secundaria Obligatoria (ESO)

(Extracto) REAL DECRETO 187/2023, de 21 de marzo, por el que se modifica el Real Decreto 860/2010, de 2 de julio, por el que se regulan las condiciones de formación inicial del profesorado de los centros privados para ejercer la docencia en las enseñanzas de educación secundaria obligatoria o de bachillerato, y se establece, a efectos de continuidad de la actividad docente en estos centros, la correspondencia entre determinadas materias. (BOE de 22 de marzo de 2023).

Anexo
Condiciones para impartir las materias de la Educación Secundaria Obligatoria (ESO) y del Bachillerato (BTO) en centros privados

Condiciones de formación inicial:
Cualquier título de Licenciado, Ingeniero, Arquitecto, Graduado o Graduada o equivalente y acreditar estar en posesión del Título de Técnico de las Enseñanzas Profesionales de Música o Danza, o del Título Profesional de Música o Danza (artículo 42.2 de la Ley Orgánica 1/1990, de 3 de octubre, o artículo 50.1 de la Ley Orgánica 2/2006, de 3 de mayo) o el Título de Profesor regulado en el Decreto 2618/1966, de 10 de septiembre, de Reglamentación General de los Conservatorios de Música.

Nivel: Educación Secundaria Obligatoria (ESO).
Materias: Música.

TÍTULOS PROFESIONALES DE MÚSICA Y EQUIVALENTES

CONDICIONES PARA IMPARTIR LAS MATERIAS DE LA EDUCACION SECUNDARIA OBLIGATORIA (ESO) Y DEL BACHILLERATO (BTO) EN CENTROS PRIVADOS

MATERIAS DE LA ESO

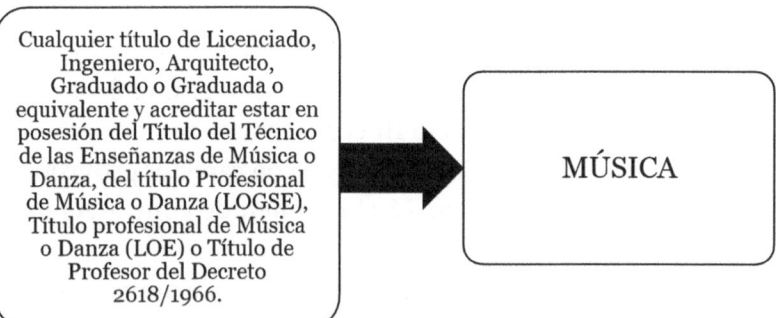

Cualquier título de Licenciado, Ingeniero, Arquitecto, Graduado o Graduada o equivalente y acreditar estar en posesión del Título del Técnico de las Enseñanzas de Música o Danza, del título Profesional de Música o Danza (LOGSE), Título profesional de Música o Danza (LOE) o Título de Profesor del Decreto 2618/1966.

MÚSICA

LOS TÍTULOS PROFESIONALES DE MÚSICA Y EQUIVA-LENTES, como requisito de titulación complementaria para el acceso en régimen de interinidad a la especialidad de Educación Postural en Conservatorios Superiores de Música

(Extracto) ORDEN de 10 de junio de 2020, de la Consejería de Educación de la Junta de Andalucía, por la que se regulan los procedimientos de provisión, con carácter provisional, de puestos de trabajo docentes, la movilidad por razón de violencia de género y víctimas de terrorismo, las bolsas de trabajo docentes, así como las bases aplicables al personal integrante de las mismas, establece en el Capítulo III el procedimiento de provisión de puestos de profesorado especialista con carácter provisional, concretando en el artículo 26 el régimen de contratación de dicho profesorado.
(Boletín Oficial Junta de Andalucía de 18 de junio de 2020).

Requisito:
Una de las siguientes titulaciones:
– Licenciado en Medicina.
– Graduado o Graduada en Medicina.
– Diplomado o Graduado o Graduada en Fisioterapia.
– Licenciado en Ciencias de la Actividad Física y del Deporte.
– Graduado o Graduada en Ciencias de la Actividad Física y del Deporte.
Y, además, poseer al menos Título de Grado Medio o Profesional de Música.

LOS TÍTULOS PROFESIONALES DE MÚSICA Y EQUIVA-LENTES, como mérito para el acceso como funcionario de carrera de los Cuerpos Docentes No Universitarios

(Extracto) REAL DECRETO 276/2007, de 23 de febrero, por el que se aprueba el Reglamento de ingreso, accesos y adquisición de nuevas especialidades en los cuerpos docentes a que se refiere la Ley Orgánica 2/2006, de 3 de mayo, de Educación, y se regula el régimen transitorio de ingreso a que se refiere la disposición transitoria decimoséptima de la citada ley.

Anexo I
Especificaciones a las que deben ajustarse los baremos de méritos para el ingreso a los Cuerpos de Maestros, Profesores de Enseñanza Secundaria, Profesores Especialistas en Sectores Singulares de Formación Profesional, Profesores de Escuelas Oficiales de Idiomas, Catedráticos y Profesores de Música y Artes Escénicas y Profesores y Maestros de Taller de Artes Plásticas y Diseño.

ESPECIFICACIONES
II. Formación académica

2.4 Titulaciones de enseñanzas de régimen especial y de la formación profesional específica:

Las titulaciones de enseñanzas de régimen especial otorgadas por las Escuelas Oficiales de Idiomas, Conservatorios Profesionales y Superiores de Música y Escuelas de Arte, así como las de la formación profesional específica, caso de no haber sido las alegadas como requisito para ingreso en la función pública docente o, en su caso, no hayan sido necesarias para la obtención del título alegado, se valorarán de la forma siguiente:

a) Por cada título Profesional de Música o Danza: 0,500 puntos.

b) Por cada Certificado de nivel avanzado o equivalente de Escuelas Oficiales de Idiomas: 0,500 puntos.

c) Por cada Título de Técnico Superior de Artes Plásticas y Diseño: 0,200 puntos.

d) Por cada Título de Técnico Superior de Formación Profesional: 0,200 puntos.

e) Por cada Título de Técnico Deportivo Superior: 0,200 puntos.

LOS TÍTULOS PROFESIONALES DE MÚSICA Y EQUIVA-LENTES, como titulaciones habilitantes para el acceso a diversos puestos de trabajo de la Administración Pública (directores/as y profesores/as de escuelas municipales de música, Escala de Suboficiales y Reservistas Voluntarios del Cuerpo de Músicas Militares, directores/as y profesores/as de bandas municipales de música)

Nota: En la mayoría de los puestos de trabajo que se han seleccionado, los organismos convocantes citan como requisito el Título Profesional de Música, Título de Grado Profesional, Título Profesional de Grado Medio; en otros, el Título Profesional de la LOGSE, LOE, LOMCE o simplemente el Título de Grado Medio.

Director/a, Secretario/a, Jefe/a de Estudios, Coordinador/a de Escuelas Municipales de Música.
Director/a de la Escuela de Música del Ayuntamiento de Gines (Boletín Oficial Provincia de Sevilla de 5 de diciembre de 2022). **Requisito: Título de Diplomado universitario en Magisterio o Título Profesional de Música o equivalentes.**
Director/a de la Escuela de Música del Ayuntamiento de La Robla (Boletín Oficial Provincia de León de 20 de diciembre de 2022). **Requisito: Título Profesional.**
Director/a de la Escuela Municipal de Música del Ayuntamiento de Monreal del Campo (Boletín Oficial Provincia de Teruel de 27 de diciembre de 2022). **Requisito: Título Profesional de Música LOGSE.**
Director/a de la Escuela Municipal de Música del Ayuntamiento de Morón de la Frontera (Boletín Oficial Provincia de Sevilla de 22 de noviembre de 2022). **Requisito: Título de Técnico de las Enseñanzas Profesionales de Música o equivalente.**

Director/a de la Escuela de Música del Ayuntamiento de Lora del Río (Boletín Oficial Provincia de Sevilla de 21 de diciembre de 2022).

Director/a, Jefe/a de Estudios de la Escuela de Música del Ayuntamiento de Brión (Boletín Oficial Provincia de A Coruña de 9 de diciembre de 2022).

Director/a de la Escuela de Música del Ayuntamiento de Gerena (Boletín Oficial Provincia de Sevilla de 21 de diciembre de 2022).

Director/a de la Escuela Municipal de Música del Ayuntamiento de Graus (Boletín Oficial Provincia de Huesca de 22 de diciembre de 2022).

Dirección y Secretaría de la Escuela de Música del Ayuntamiento de Garrucha (Boletín Oficial Provincia de 23 de diciembre de Almería de 2022). **Requisito: Título de Técnico de las Enseñanzas Profesionales de Música o equivalente.**

Jefe/a de Estudios de la Escuela Municipal de Música del Ayuntamiento de Cuevas de Almanzora (Boletín Oficial Provincia de Almería de 29 de diciembre de 2022).

Coordinador/a de la Escuela de Música de Calasparra (Boletín Oficial Provincia de Murcia de 31 de diciembre de 2022). **Requisito: Título de Técnico de las Enseñanzas Profesionales de Música o equivalente.**

Profesores/as de Escuelas Municipales de Música

Profesores/as de la Escuela Municipal de Música y Danza del Ayuntamiento de Garrucha (Boletín Oficial Provincia de Almería de 27 de diciembre de 2017). **Requisito: Título Enseñanza Profesional de Música.**

Profesores/as de la Escuela Municipal de Música Ayuntamiento de Tordesillas (Boletín Oficial Provincia de Valladolid de 21 de septiembre de 2018). **Requisito: Titulación de Grado Profesional.**

Profesores/as de la Escuela de Música del Ayuntamiento de Pinto (Boletín Oficial de la Comunidad de Madrid de 21 de noviembre de 2018). **Requisito: Titulación oficial de Grado Medio (Plan de Estudios de 1966) o Título Profesional.**

Profesores/as de la Escuela Municipal de Música y Danza del Ayuntamiento de Níjar (Boletín Oficial Provincia de Almería de 2 de abril de 2019). **Requisito: Título Profesional de Grado Medio.**

Profesores/as de la Escuela Municipal de Música del Ayuntamiento de Morella (Boletín Oficial Provincia de Castellón de la Plana de 29 de agosto de 2019). **Requisito: Título Profesional de Música o equivalente.**

Profesores/as de la Escuela Municipal de Música del Ayuntamiento de Cuéllar (Boletín Oficial Provincia de Segovia de 6 de septiembre de 2019). **Requisito: Título Oficial de Técnico de las Enseñanzas Profesionales de Música, Título de Profesor de Música, Título de Grado Medio de Música o titulaciones equivalentes.**

Profesores/as de la Escuela Municipal de Música del Ayuntamiento de Almendralejo (Boletín Oficial Provincia de Badajoz de 27 de diciembre de 2019). **Requisito: Diplomatura universitaria o equivalente y grado profesional de música.**

Profesores/as de la Escuela de Música del Ayuntamiento de Villa del Prado (Boletín Oficial de la Comunidad de Madrid de 29 de junio de 2021). **Requisito: Título Profesional de Música o equivalente.**

Profesor/a de la Escuela Municipal de Música y Danza del Ayuntamiento de Daganzo (Boletín Oficial de la Comunidad de Madrid de 8 de noviembre de 2021). **Requisito: Título de Profesor Plan de estudios de 1966 o Título Profesional LOGSE, Título Profesional LOE, Técnico de las Enseñanzas Profesionales de Música.**

Profesores/as de la Escuela de Música y Danza «Javier Santacreu» del Ayuntamiento de Benissa (Boletín Oficial Provincia de Alicante de 23 de mayo de 2022). **Requisito: Título Profesional o equivalente.**

Monitor/a Cultural (música) del Ayuntamiento de Alameda de la Sagra (Boletín Oficial de la Provincia de Toledo de 20 de julio de 2022). **Requisito: Título de Grado Medio de Música (Profesor de Música) o equivalente.**

Profesores/as de la Escuela de Música del Ayuntamiento de Villanueva de los Infantes (Boletín Oficial Provincia de Ciudad Real de 3 de agosto de 2022). **Requisito: Título Profesional de Música o título equivalente.**

Profesor/a-Dirección Banda de Música del Ayuntamiento de Benalmádena (Boletín Oficial de la Provincia de Málaga de 17 de octubre de 2022). **Requisito: Título Profesional de Música.**

Profesor/a de Música del Ayuntamiento de Alaior (Boletín Oficial de las Islas Baleares de 18 de noviembre de 2022). **Requisito: Título de Enseñanza profesional de la especialidad o equivalente.**

Profesores/as de Música del Ayuntamiento de Níjar (Boletín Oficial Privincia de Almería de 18 de noviembre de 2022). **Requisito: Título Profesional de Grado Medio.**

Profesores/as de la Escuela Municipal de Música del Ayuntamiento de Ávila (Boletín Oficial Provincia de Ávila de 21 de noviembre de 2022). **Requisito: Título Profesional de Música, Título de Técnico de las Enseñanzas Profesionales de Música o equivalente.**

Profesores/as de la Escuela Municipal de Música del Ayuntamiento de Morón de la Frontera (Boletín Oficial Provincia de Sevilla de 22 de noviembre de 2022). **Requisito: Título de Técnico de las Enseñanzas Profesionales de Música o equivalente.**

Profesores/as de la Escuela de Música de Meaño (Boletín Oficial Provincia de Pontevedra de 9 de diciembre de 2022).

Título Profesional de Música

Monitor/a de Música del Ayuntamiento de Estepa (Boletín Oficial Provincia de Sevilla de 21 de diciembre de 2022). **Requisito: Título Profesional de Música o equivalente.**

Profesor/a de Música del Ayuntamiento de Ribadesella (Boletín Oficial del Principado de Asturias de 21 de diciembre de 2022). **Requisito: Técnico de las Enseñanzas Profesionales de Música o equivalente.**

Profesor/a de la Escuela de Música del Ayuntamiento de Carnota (Boletín Oficial Provincia A Coruña de 22 de diciembre de 2022). **Requisito: Título de Técnico de las Enseñanzas Profesionales de Música o equivalente.**

Profesores/as de Música del Ayuntamiento de Agurain (Boletín Oficial del Territorio Histórico de Álava de 26 de diciembre de 2022). **Requisito: Titulación media musical o equivalente.**

Profesores/as de Música del Ayuntamiento de Benavides de Órbigo (Boletín Oficial Provincia de León de 27 de diciembre de 2022). **Requisito: Título Profesional de Música.**

Profesor/a de Música del Ayuntamiento de Coca (Boletín Oficial Provincia de Segovia de 28 de diciembre de 2022). **Requisito: Título Profesional o Título de Grado Superior.**

Profesores/as de la Escuela de Música del Ayuntamiento de Portugalete (Boletín Oficial Provincia de Bizkaia de 30 de diciembre de 2022).

Monitores/as distintas especialidades de Música del Ayuntamiento de El Bonillo (Boletín Oficial Provincia de Albacete de 30 de diciembre de 2022). **Requisito: Ciclo Formativo o Título Profesional.**

Profesores/as de la Escuela de Música del Ayuntamiento de Tiemblo (Boletín Oficial Provincia de Ávila de 30 de diciembre de 2022). **Requisito: Título de Técnico de las Enseñanzas Profesionales de Música o equivalente de planes anteriores o Título Superior.**

Profesores/as de la Escuela de Música de Calasparra (Boletín Oficial Provincia de Murcia de 31 de diciembre de 2022). **Requisito: Título de Técnico de las Enseñanzas Profesionales de Música o equivalente.**

Profesor/a de la Escuela Municipal de Música y Danza del Ayuntamiento de Cercedilla (Boletín Oficial Comunidad de Madrid de 21 de diciembre de 2023).

Profesores/as de la Escuela Municipal de Música del Ayuntamiento de Vilches (Boletín Oficial Provincia de Jaén de 2 de febrero de 2024).

Profesores/as de Música del Ayuntamiento de Chapinería (Boletín Oficial de la Comunidad de Madrid de 5 de febrero de 2024). **Requisito: Título de Grado Medio de Música o equivalente.**

Escala de Suboficiales del Cuerpo de Músicas Militares

Escala de Suboficiales del Cuerpo de Músicas Militares (BOE de 8 de mayo de 2024). Requisito: Título de Bachiller + Título Profesional de Música.

Reservistas Voluntarios-Cuerpo de Músicas Militares

Reservistas Voluntarios (BOE de 27 de septiembre de 2022). Requisito: Título Profesional de Música.

Requisito general para acceder a plazas de suboficial: Requisito: Título de Bachiller o equivalente y como requisito específico el Título Profesional de Música.

Directores/as de Bandas Municipales de Música

Director/a de la Banda Municipal de Música del Ayuntamiento de Campanario (Badajoz) (Boletín Oficial Provincia de Badajoz de 23 de marzo de 2011). **Requisito: Título de Grado Medio Música.**

Director/a de la Banda de Música del Ayuntamiento de Mallén (Boletín Oficial Provincia de Zaragoza de 7 de noviembre de 2011). **Requisito: Título Profesional de Grado Medio.**

Profesor/a-Dirección de la Banda de Música del Ayuntamiento de Benalmádena (Boletín Oficial de la Provincia de Málaga de 17 de octubre de 2022). **Requisito: Título Profesional de Música.**

Director Banda de Música del Ayuntamiento de Benavides de Órbigo (Boletín Oficial Provincia de León de 27 de diciembre de 2022). **Requisito: Título Profesional de Música.**

Dirección Banda de Música de la Mancomunidad de Municipios del Valle de Lecrín (Boletín Oficial Provincia de Granada de 29 de diciembre de 2022).

Director/a de la Banda Municipal de Música del Ayuntamiento de Daroca (Boletín Oficial Provincia de Zaragoza de 10 de marzo de 2023).

Director/a del Coro del Ayuntamiento de Daroca (Boletín Oficial Provincia de Zaragoza de 10 de marzo de 2023).

Profesores/as de Bandas Municipales de Música

Profesores/as de la Banda Municipal de Música del Ayuntamiento de Jaén (Boletín Oficial Provincia de Jaén de 24 de febrero de 2010). **Requisito: Título de Grado Medio en Música.**

Profesores/as de la Banda Municipal de Música de las Palmas de Gran Canaria (Boletín Oficial de la Provincia de Las Palmas de 5 de mayo de 2017). **Requisito: Título de Bachiller, Formación Profesional de 2º grado o equivalente + Título Profesional.**

Profesores/as de la Banda Municipal de Música del Ayuntamiento de Barakaldo (promoción interna) (Boletín Oficial de Bizkaia de 26 de junio de 2017). **Requisito: Titulación de Profesor de Grado Medio o equivalente.**

Profesor/a Especialista de la Banda de Música del Ayuntamiento de Palencia (promoción interna) (Boletín Oficial de Castilla y León de 15 de marzo de 2018). **Requisito: Título de Bachiller o Técnico.**

Profesores/as de la Banda Municipal de Música del Ayuntamiento de Badajoz (Boletín Oficial Provincia de Badajoz de 22 de octubre de 2018). **Requisito: Título Profesional + Título de Bachiller o Técnico.**

Profesores/as de la Banda Municipal de Música del Ayuntamiento de Badajoz (Boletín Oficial Provincia de Badajoz de 4 de noviembre de 2022). **Requisito: Título Profesional.**

Profesores/as de la Banda Municipal de Música del Ayuntamiento de Brea de Aragón (Boletín Oficial Provincia de Zaragoza de 24 de diciembre de 2022). **Requisito: Títulación de Grado Medio de Música.**

El TÍTULO PROFESIONAL DE MÚSICA como equiva-lente al TÍTULO DE BACHILLER a efectos profesionales (laborales)

(Extracto) ORDEN EDU/520/2011, de 7 de marzo, por la que se establecen las equivalencias con los títulos de Graduado en Educación Secundaria Obligatoria y de Bachiller (BOE de 14 de marzo de 2011).

Anexo II
Documentos oficiales para la acreditación
a que se refiere el artículo 4.5

2. Título profesional de música o de danza de la Ley Orgánica 1/1990, de 3 de octubre, de Ordenación General del Sistema Educativo.

Nota: A falta de la actualización por parte del Ministerio de Educación, no se recogen como equivalentes al Título de Bachiller a efectos profesionales el Título Profesional de Música de la Ley Orgánica 2/2006, de 3 de mayo, el Título de Técnico de las Enseñanzas Profesionales de Música o Danza o el Diploma de Cantante de Conjunto Coral de la Escuela Superior de Canto de Madrid como equivalente al Título Profesional de Música o Danza de la Ley 1/1990, de 3 de octubre.

TÍTULOS Y DIPLOMAS SUPERIORES DE MÚSICA ORIENTACIÓN PROFESIONAL

DIPLOMA DE CAPACIDAD (Real Decreto 1917).
TÍTULO DE PROFESOR Y PROFESIONAL (Decreto 1942).

TÍTULO DE PROFESOR SUPERIOR (Decreto 2618/1966).

DIPLOMA SUPERIOR DE ESPECIALIZACIÓN PARA SOLISTAS de la Escuela Superior de Canto de Madrid.

TÍTULO SUPERIOR DE MÚSICA- LOGSE.

TÍTULO DE LICENCIATUS IN MÚSICA SACRA/ IN CANTU GREGORIANO/IN ORGANO/IN DIRECTIONE CHORALI. Título eclesiástico reconocido a efectos civiles como equivalente a Licenciado Universitario.

TÍTULO SUPERIOR DE MÚSICA-LOE

TÍTULO DE GRADO ENSEÑANZAS ARTÍSTICAS SUPERIORES-LOMLOE

Como requisito para la adquisición de nueva especialidad de Música del Cuerpo de Maestros/as (Decreto adquisición nuevas especialidades).

Como titulación complementaria habilitante para el desempeño en régimen de interinidad del Cuerpo de Maestros/as (Música).

Como título que cualifica-capacita a los Maestros/as para impartir Música en Centros Privados de Educación Infantil y Educación Primaria

Como titulación habilitante para ejercer la docencia en Centros Privados de Educación Secundaria Obligatoria (ESO) o Bachillerato (BTO).

Como titulación habilitante para el acceso en régimen de interinidad al Cuerpo de Profesores de Enseñanza Secundaria (Especialidad Música).

Como titulación habilitante para el desempeño en régimen de interinidad del Cuerpo de Catedráticos de Música y Artes Escénicas.

DIPLOMA DE CAPACIDAD (Real Decreto 1917).

TÍTULO DE PROFESOR Y PROFESIONAL (Decreto 1942).

TÍTULO DE PROFESOR SUPERIOR (Decreto 2618/1966).

DIPLOMA SUPERIOR DE ESPECIALIZACIÓN PARA SOLISTAS
de la Escuela Superior de Canto de Madrid.

TÍTULO SUPERIOR DE MÚSICA- LOGSE.

TÍTULO DE LICENCIATUS IN MÚSICA SACRA/ IN CANTU
GREGORIANO/IN ÓRGANO/IN DIRECTIONE CHORALI.
Título eclesiástico reconocido a efectos civiles como
equivalente a Licenciado Universitario.

TÍTULO SUPERIOR DE MÚSICA-LOE

TÍTULO DE GRADO ENSEÑANZAS ARTÍSTICAS SUPERIORES-LOMLOE

Como titulación habilitante para el acceso en régimen de interinidad al Cuerpo de Profesores de Música y Artes Escénicas.

Como requisito de titulación complementaria para optar a la especialidad de Educación Postural en Conservatorios Superiores de Música.

Como titulación habilitante para el acceso como funcionario de carrera de los Cuerpos de Catedráticos y Profesores de Música y Artes Escénicas y del Cuerpo de Profesores de Enseñanza Secundaria.

EL TÍTULO PROFESIONAL del Decreto 1942, como equivalente al Título de Bachiller a efectos profesionales (laborales).

El DIPLOMA SUPERIOR DE ESPECIALIZACIÓN PARA SOLISTAS de la Escuela Superior de Canto de Madrid como equivalente al TÍTULO DE BACHILLER a efectos profesionales (laborales).

TÍTULOS Y DIPLOMAS SUPERIORES DE MÚSICA (1)

ORIENTACIÓN PROFESIONAL

DIPLOMA DE CAPACIDAD (Real Decreto 1917).

TÍTULO DE PROFESOR Y PROFESIONAL (Decreto 1942).

TÍTULO DE PROFESOR SUPERIOR (Decreto 2618/1966).
DIPLOMA SUPERIOR DE ESPECIALIZACIÓN PARA SOLISTAS
de la Escuela Superior de Canto de Madrid.

TÍTULO SUPERIOR DE MÚSICA- LOGSE.

TÍTULO DE LICENCIATUS IN MÚSICA SACRA/ IN CANTU
GREGORIANO/IN ÓRGANO/IN DIRECTIONE CHORALI.
Título eclesiástico reconocido a efectos civiles
como equivalente a Licenciado Universitario.

TÍTULO SUPERIOR DE MÚSICA-LOE.

TÍTULO DE GRADO ENSEÑANZAS ARTÍSTICAS
SUPERIORES-LOMLOE.

Como titulación
habilitante para
el acceso a otros
puestos de trabajo
de las
Administraciones
Públicas.

Anexo I : Acceso a otros
puestos de trabajo
relacionados con la Música.

Anexo II : Acceso a
puestos de trabajo
relacionados con la Cultura.

Anexo III : Acceso a
Cuerpos, Escalas y otros
puestos de trabajo de las
Administraciones Públicas.

116

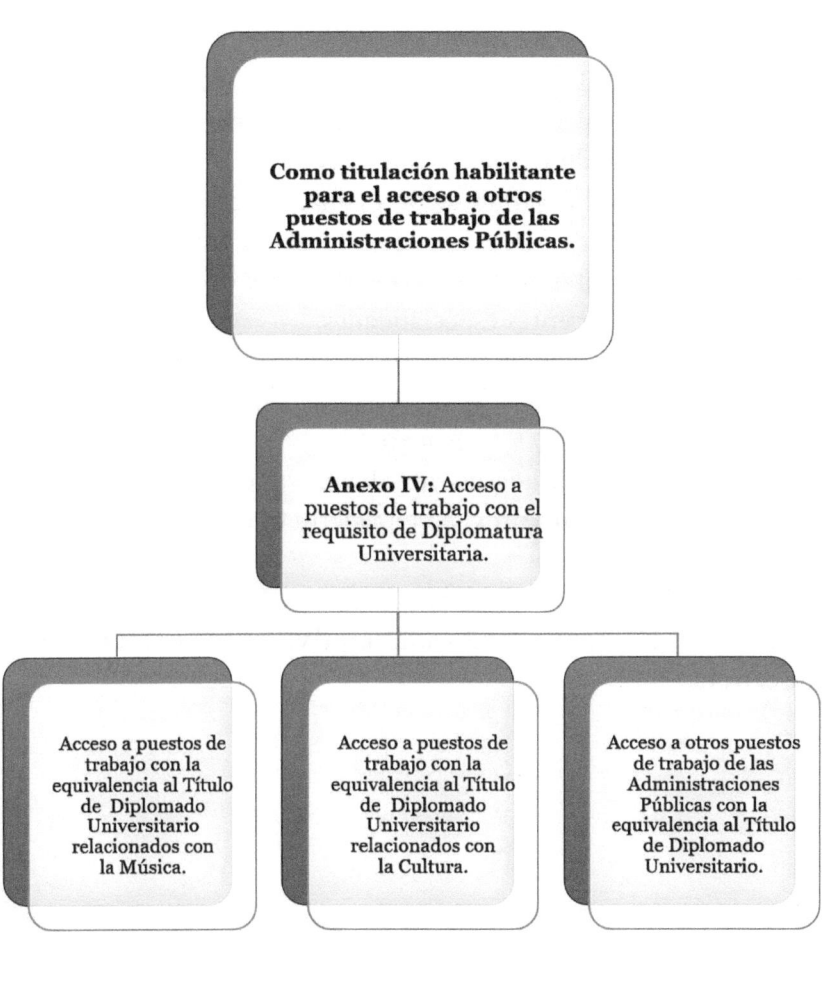

Como titulación habilitante para el acceso a otros puestos de trabajo de las Administraciones Públicas.

Anexo IV: Acceso a puestos de trabajo con el requisito de Diplomatura Universitaria.

Acceso a puestos de trabajo con la equivalencia al Título de Diplomado Universitario relacionados con la Música.

Acceso a puestos de trabajo con la equivalencia al Título de Diplomado Universitario relacionados con la Cultura.

Acceso a otros puestos de trabajo de las Administraciones Públicas con la equivalencia al Título de Diplomado Universitario.

117

LOS TÍTULOS SUPERIORES DE MÚSICA Y EQUIVALENTES, como requisito para la adquisición de nueva especialidad de Música del Cuerpo de Maestros/as (Decreto adquisición nuevas especialidades)

(Extracto) REAL DECRETO 1594/2011, de 4 de noviembre, por el que se establecen las especialidades docentes del Cuerpo de Maestros que desempeñen sus funciones en las etapas de Educación Infantil y de Educación Primaria reguladas en la Ley Orgánica 2/2006, de 3 de mayo, de Educación, establece las especialidades docentes del Cuerpo de Maestros y regula la forma de adquirir las diferentes especialidades.
(BOE de 9 de noviembre de 2011).

Anexo
Requisitos para la adquisición de nuevas especialidades
por el procedimiento previsto en la letra b) de el artículo 4.2

Título Superior de Música de la Ley 1/1990, de 3 de octubre, o titulaciones declaradas equivalentes a efectos de docencia.

LOS TÍTULOS SUPERIORES DE MÚSICA Y EQUIVALENTES, como titulación complementaria habilitante para el desempeño en régimen de interinidad del Cuerpo de Maestros/as (Música)

Ejemplo de regulación:
COMUNIDAD DE MADRID
(Extracto) RESOLUCIÓN de 19 de mayo de 2023, de la Dirección General de Recursos Humanos de la Consejería de Educación e Investigación (Boletín Oficial de la Comunidad de Madrid de 25 de mayo de 2023).

Anexo I
Titulaciones para el desempeño
de puestos en régimen de interinidad

Diplomatura en Profesorado de Educación General Básica, Título de Maestro (RD 1440/1991) o Título de Grado correspondiente (RD 276/2007 de 23 de febrero) y además: Grado en Música.

Título Superior de Música de la Ley 1/1990, de 3 de octubre, o titulaciones declaradas equivalentes a efectos de docencia (RD 1542/1994).

Selección de convocatorias de comunidades autónomas con similares condiciones de titulación:
CIUDADES AUTÓNOMAS DE CEUTA Y MELILLA (MEC)
Orden EFP/529/2023, de 26 de mayo, por la que se modifica la Orden ECD/697/2017, de 24 de julio, por la que se regula la formación de listas de aspirantes a desempeñar en régimen de interinidad plazas de los cuerpos docentes contemplados en la Ley Orgánica 2/2006, de 3 de mayo, de Educación, en las ciudades de Ceuta y Melilla (BOE de 30 de mayo de 2023-núm. 128).

Comunidad Autónoma de Cantabria

Orden ECD/16/2018, de 1 de marzo, de la Consejería de Educación, Cultura y Deporte de la Comunidad Autónoma de Cantabria (Boletín Oficial Cantabria de 9 de marzo de 2018-núm. 49).

Comunidad Autónoma de Galicia

Orden de 20 de noviembre de 2019, de la Consellería de Educación, Universidad y Formación Profesional (Diario Oficial de Galicia de 11 de diciembre de 2019-núm. 235).

Comunidad Autónoma de Extremadura

Resolución de 4 de diciembre de 2023, de la Dirección General de Personal Docente, por la que se actualizan las titulaciones que habilitan para el desempeño de puestos en régimen de interinidad en plazas de los Cuerpos docentes no universitarios de la Comunidad Autónoma de Extremadura (Diario Oficial de Extremadura de 18 de diciembre de 2023-núm. 240).

Comunidad Foral de Navarra

Orden Foral 51/2018, de 7 de junio, de la Consejera de Educación (Boletín Oficial de Navarra de 19 de junio de 2018-núm. 117).

Comunidad Autónoma de Canarias

Orden de 5 de mayo de 2018, por la que se establecen las titulaciones académicas exigidas para la incorporación de efectivos en las listas de empleo para el desempeño en régimen de interinidad de puestos vacantes y para sustituciones de docentes no universitarios en la Comunidad Autónoma de Canarias (Boletín Oficial de Canarias de 11 de mayo de 2018-núm. 91).

Comunidad Autónoma de La Rioja

Orden EDC/33/2021, de 17 de junio, de la Consejería de Educación, Cultura, Deporte y Juventud (Boletín Oficial de La Rioja de 18 de junio de 2021-núm. 118).

LOS TÍTULOS SUPERIORES DE MÚSICA Y EQUIVALENTES, como títulos que cualifican-capacitan a los Maestros/as para impartir Música en centros privados de Educación Infantil y Educación Primaria

(Extracto) REAL DECRETO 476/2013, de 21 de junio, por el que se regulan las condiciones de cualificación y formación que deben poseer los maestros de los centros privados de Educación Infantil y de Educación Primaria. (BOE de 13 de julio de 2013).

El citado R.D. establece lo siguiente:

Artículo 5. Enseñanzas de Música, de Educación Física y de Lengua Extranjera (Inglés, Francés, Alemán) en la Educación Primaria.

Los maestros que carezcan de la mención cualificadora, requisitos o especialidad indicada podrán impartir las enseñanzas de Música en centros docentes privados de Educación Primaria siempre que estén en posesión de alguno de los siguientes requisitos:

a) Enseñanzas de Música :

1.º Título Superior de Música relativo a las enseñanzas artísticas superiores a que se refiere el articulo 54 de la Ley Orgánica 2/2006, de 3 de mayo, de Educación.

3.º Título Superior de Música de la Ley Orgánica 1/1990, de 3 de octubre, de Ordenación General del Sistema Educativo, o titulaciones declaradas equivalentes a efectos de docencia.

LOS TÍTULOS SUPERIORES DE MÚSICA Y EQUIVALENTES, como titulación habilitante para ejercer la docencia en Centros Privados de Educación Secundaria Obligatoria (ESO) o Bachillerato (BTO)

(Extracto) REAL DECRETO 187/2023, de 21 de marzo, por el que se modifica el Real Decreto 860/2010, de 2 de julio, por el que se regulan las condiciones de formación inicial del profesorado de los centros privados para ejercer la docencia en las enseñanzas de educación secundaria obligatoria o de bachillerato, y se establece, a efectos de continuidad de la actividad docente en estos centros, la correspondencia entre determinadas materias. (BOE de 22 de marzo de 2023).

Anexo I
Condiciones para impartir las materias de la Educación Secundaria Obligatoria (ESO) y del Bachillerato (BTO) en centros privados.

Condiciones de formación inicial:
Título Superior de Música o de Danza (artículo 42.3 de la Ley Orgánica 1/1990, de 3 de octubre) o titulaciones declaradas equivalentes a efectos de docencia.

Título de Grado en Enseñanzas Artísticas Superiores de Música o Danza o Título Superior de Música o de Danza (artículo 54.3 de la Ley Orgánica 2/2006, de 3 de mayo).
Nivel: Bachillerato (BTO).
Materias: Análisis Musical I y II, Historia de la Música y de la Danza, Lenguaje y Práctica Musical.

Condiciones de formación inicial:
Título Superior de Música (artículo 42.3 de la Ley Orgánica 1/1990, de 3 de octubre) o titulaciones declaradas equivalentes a efectos de docencia.

Título de Grado en Enseñanzas Artísticas Superiores de Música o Danza o Título Superior de Música o de Danza (artículo 54.3 de la Ley Orgánica 2/2006, de 3 de mayo).
Nivel: Bachillerato (BTO).
Materias: Coro y Técnica Vocal I y II.

Condiciones de formación inicial:
Título Superior de Música, Danza o Arte Dramático (artículos 42.3 y 45.1 de la Ley Orgánica 1/1990, de 3 de octubre) o titulaciones declaradas equivalentes a efectos de docencia.
Título de Grado en Enseñanzas Artísticas Superiores de Música o Danza o Título Superior de Música o de Danza (artículo 54.3 de la Ley Orgánica 2/2006, de 3 de mayo).
Nivel: Bachillerato (BTO).
Materias: Artes Escénicas I y II.

Condiciones de formación inicial:
Título Superior de Música o de Danza (artículo 42.3 de la Ley Orgánica 1/1990, de 3 de octubre) o titulaciones declaradas equivalentes a efectos de docencia.
Título de Grado en Enseñanzas Artísticas Superiores de Música o Danza o Título Superior de Música o de Danza (artículo 54.3 de la Ley Orgánica 2/2006, de 3 de mayo).
Nivel: Educación Secundaria Obligatoria (ESO).
Materias: Música.

CONDICIONES PARA IMPARTIR LAS MATERIAS DE LA EDUCACION SECUNDARIA OBLIGATORIA(ESO) Y DEL BACHILLERATO (BTO) EN CENTROS PRIVADOS TÍTULOS SUPERIORES DE MÚSICA MATERIAS DE BACHILLERATO

ORIENTACIÓN PROFESIONAL

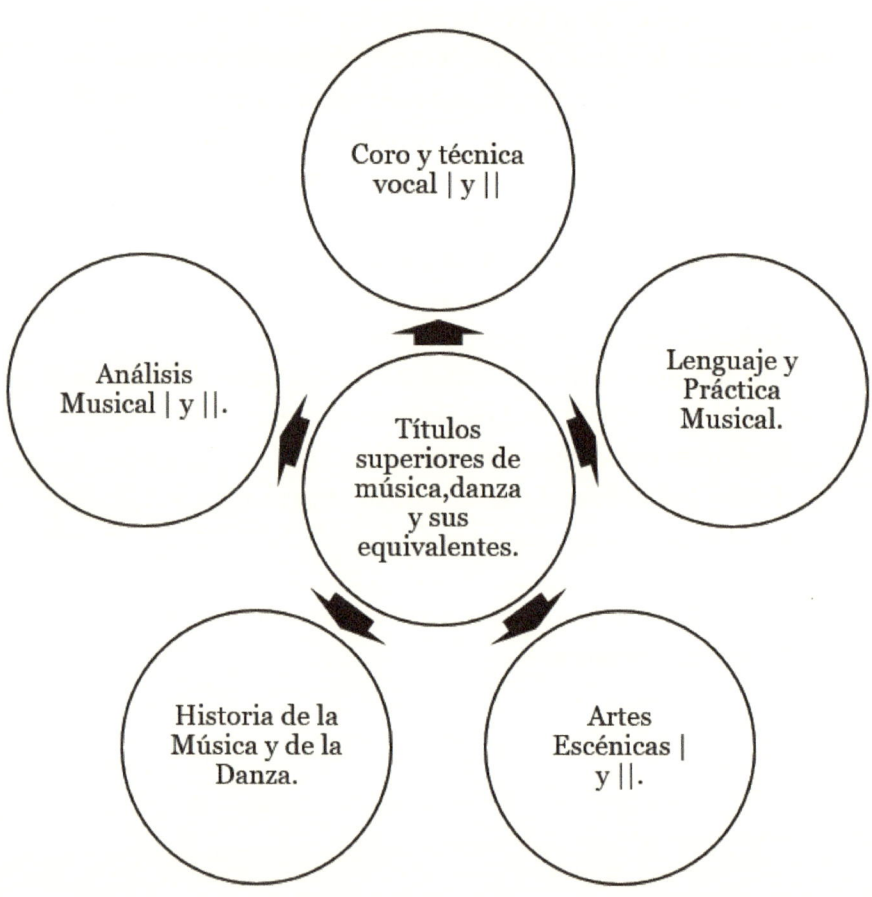

MATERIAS DE LA ESO

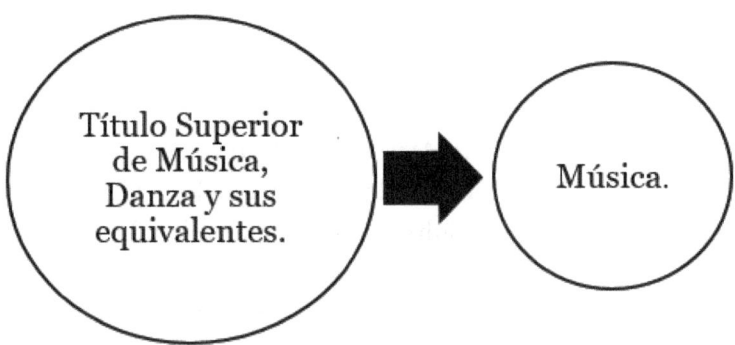

Más información de interés:

REAL DECRETO 187/2023, de 21 de marzo, por el que se modifica el Real Decreto 860/2010, de 2 de julio, por el que se regulan las condiciones de formación inicial del profesorado de los centros privados para ejercer la docencia en las enseñanzas de educación secundaria obligatoria o de bachillerato, y se establece, a efectos de continuidad de la actividad docente en estos centros, la correspondencia entre determinadas materias (BOE de 22 de marzo de 2023).

LOS TÍTULOS SUPERIORES DE MÚSICA Y EQUIVALENTES, como titulaciones habilitantes para el desempeño en régimen de interinidad del Cuerpo de Profesores de Enseñanza Secundaria (Especialidad Música)

Ejemplo:

COMUNIDAD AUTÓNOMA DE ASTURIAS

(Extracto) RESOLUCIÓN de 22 de mayo de 2017, de la Consejería de Educación y Cultura, por la que se establecen las titulaciones necesarias para el desempeño de puestos en régimen de interinidad (Boletín Oficial del Principado de Asturias de 12 de junio de 2017).

Anexo I
Título Superior de Música en cualquiera
de las especialidades

Selección de comunidades autónomas donde se regula o convocan plazas en régimen de interinidad al Cuerpo de Profesores de Enseñanza Secundaria (Música):

CIUDADES AUTÓNOMAS DE CEUTA Y MELILLA (MEC)

Orden EFP/529/2023, de 26 de mayo, por la que se modifica la Orden ECD/697/2017, de 24 de julio, por la que se regula la formación de listas de aspirantes a desempeñar en régimen de interinidad plazas de los cuerpos docentes contemplados en la Ley Orgánica 2/2006, de 3 de mayo, de Educación, en las ciudades de Ceuta y Melilla (BOE de 30 de mayo de 2023-núm. 128).

COMUNIDAD AUTÓNOMA DE CANTABRIA

Orden ECD/16/2018, de 1 de marzo, de la Consejería de Educación, Cultura y Deporte de la Comunidad Autónoma de Cantabria (Boletín Oficial Cantabria de 9 de marzo de 2018-núm. 49).

COMUNIDAD AUTÓNOMA DE GALICIA

Orden de 20 de noviembre de 2019, de la Consellería de Educación, Universidad y Formación Profesional (Diario Oficial de Galicia de 11 de diciembre de 2019-núm. 235).

COMUNIDAD DE MADRID

Resolución de 19 de mayo de 2023, de la Dirección General de Recursos Humanos de la Consejería de Educación e Investigación (Boletín Oficial de la Comunidad de Madrid de 25 de mayo de 2023-núm. 123).

COMUNIDAD AUTÓNOMA DE LA RIOJA

Orden EDC/33/2021, de 17 de junio, de la Consejería de Educación, Cultura, Deporte y Juventud (Boletín Oficial de La Rioja de 18 de junio de 2021-núm. 118).

COMUNIDAD AUTÓNOMA CASTILLA-LA MANCHA

Orden 32/2018, de 22 de febrero, de la Consejería de Educación, Cultura y Deportes (Diario Oficial de Castilla-La Mancha de 28 de febrero de 2018-núm. 42).

COMUNIDAD AUTÓNOMA REGIÓN DE MURCIA

Orden de 29 de mayo de 2020 (procedimiento extraordinario), de la Consejería de Educación y Cultura (Boletín Oficial de la Región de Murcia de 13 de junio de 2020-núm. 135).

COMUNIDAD FORAL DE NAVARRA

Orden Foral 51/2018, de 7 de junio, de la Consejera de Educación (Boletín Oficial de Navarra de 19 de junio de 2018-núm. 117).

Nota: En la nueva Resolución de la Consejería de Educación de Extremadura, por la que se actualizan las titulaciones para el acceso en régimen de interinidad a puestos docentes del Cuerpo de Profesores de Secundaria (Música), vienen recogidas las titulaciones de los Centros Superiores de Ciencias Eclesiásticas de nivel universitario equivalentes por R.D. 1619/2011 a los títulos universitarios españoles.

Resolución de 4 de diciembre de 2023, de la Dirección General de Personal Docente, por la que se actualizan las titulaciones que habilitan para el desempeño de puestos en régimen de interinidad en plazas de los Cuerpos docentes no universitarios de la Comunidad Autónoma de Extremadura (Diario Oficial de Extremadura de 18 de diciembre de 2023-núm. 240).

LOS TÍTULOS SUPERIORES DE MÚSICA Y EQUIVALENTES, como titulaciones habilitantes para el desempeño en régimen de interinidad del Cuerpo de Catedráticos de Música y Artes Escénicas

Ejemplo de regulación:
COMUNIDAD AUTÓNOMA DE ANDALUCÍA
(Extracto) ORDEN de 10 de junio de 2020, por la que se regulan los procedimientos de provisión, con carácter provisional, de puestos de trabajo docentes, la movilidad por razón de violencia de género y víctimas de terrorismo, las bolsas de trabajo docentes, así como las bases aplicables al personal integrante de las mismas (Boletín Oficial de la Junta de Andalucía de 18 de junio de 2020).

TITULACIONES PARA EL DESEMPEÑO DE PUESTOS EN RÉGIMEN DE INTERINIDAD EN LAS ESPECIALIDADES DEL CUERPO DE CATEDRÁTICOS DE MÚSICA Y ARTES ESCÉNICAS
Título Superior de Música en cualquiera de sus especialidades. Título de Profesor Superior del Plan regulado conforme al Decreto 2618/1966, de 10 de septiembre, o equivalente de planes anteriores. Diploma Superior de Especialización para Solistas, conforme al Decreto 313/1970, de 29 de enero (Canto).

Selección de convocatorias de comunidades autónomas con similares condiciones de titulación:
COMUNIDAD AUTÓNOMA DE ANDALUCÍA
Resolución de 15 de febrero de 2023 , de la Dirección General del Profesorado y Gestión de Recursos Humanos, por la que se realiza convocatoria para el acceso extraordinario a las bolsas de trabajo de determinadas especialidades del Cuerpo de Catedráticos de Música y Artes Escénicas (Boletín Oficial de la Junta de Andalucía de 22 de febrero de 2023-núm. 36).

Resolución de 28 de julio de 2020, de la Dirección General de Recursos Humanos, por la que se convoca Concurso de Méritos para la cobertura de necesidades de profesorado en las Enseñanzas Artísticas Superiores de Música (Boletín Oficial de la Comunidad de Madrid de 3 de agosto de 2020-núm. 186).

COMUNIDAD AUTÓNOMA DE CASTILLA Y LEÓN

Resolución de 20 de diciembre de 2022,de la Direccion Provincial de Educación de Salamanca, por la que se convoca la elaboración de la lista extraordinaria de aspirantes, de ámbito autonómico, para ocupar puestos docentes en régimen de interinidad del Cuerpo de Catedráticos de Música y Artes Escénicas.

COMUNIDAD AUTÓNOMA DE GALICIA

Resolución de 11 de agosto de 2022 de la Dirección General de Centros y Recursos Humanos por la que se convoca un procedimiento para la elaboración de las listas de interinidades y sustituciones en diversas especialidades del cuerpo de catedráticos de música y artes escénicas.

Nota: El personal que participe en el procedimiento de acceso a las bolsas de interinidades del Cuerpo de Catedráticos de Música y Artes Escénicas deberá estar en posesión de la formación y capacidad de tutela en las investigaciones propias de las enseñanzas artísticas a que se refiere el artículo 17 del Real Decreto 276/2007, de 23 de febrero.

El TÍTULO SUPERIOR DE MÚSICA, como titulaciones habilitantes para el desempeño en régimen de interinidad del Cuerpo de Profesores de Música y Artes Escénicas

Ejemplo de regulación:

COMUNIDAD DE MADRID

(Extracto) RESOLUCIÓN de 19 de mayo de 2023, de la Dirección General de Recursos Humanos, por la que se regula la formación de las listas de aspirantes a desempeñar puestos docentes en régimen de interinidad de todos los Cuerpos Docentes no Universitarios (maestros, profesores de Enseñanza Secundaria, profesores de Música y Artes Escénicas...), para el curso 2022-2023.

(Boletín Oficial de la Comunidad de Madrid de 25 de mayo de 2023).

Anexo I

Título Superior de Música.

Título Superior de Música, especialidad Pedagogía.

Título Superior de Música, especialidad Interpretación (LOE).

Título de Profesor y Título Profesional, expedido al amparo del Decreto de 15 de junio de 1942, y Diplomas de Capacidad correspondientes a planes anteriores, en la especialidad correspondiente.

Título de Profesor Superior expedido al amparo del Decreto 2618/1966, de 10 de septiembre, en la especialidad correspondiente.

Título de Profesor, expedido al amparo del Decreto 2618/1966, de 10 de septiembre, en la especialidad correspondiente.

Diploma Superior de Especialización para Solistas, expedido al amparo del Decreto 313/1970, de 29 de enero (Canto).

Diploma de Cantante de Ópera, expedido al amparo del Decreto 313/1970, de 29 de enero (Canto).

Selección de comunidades autónomas donde se regula o convocan puestos de trabajo en régimen de interinidad del citado Cuerpo:

COMUNIDAD AUTÓNOMA DE EXTREMADURA

Resolución de 4 de diciembre de 2023, de la Dirección General de Personal Docente, por la que se actualizan las titulaciones que habilitan para el desempeño de puestos en régimen de interinidad en plazas de los Cuerpos docentes no universitarios de la Comunidad Autónoma de Extremadura (Diario Oficial de Extremadura de 18 de diciembre de 2023- núm. 240).

COMUNIDAD AUTÓNOMA DE ANDALUCÍA

Orden de 10 de junio de 2020, por la que se regulan los procedimientos de provisión, con carácter provisional, de puestos de trabajo docentes, la movilidad por razón de violencia de género y víctimas de terrorismo, las bolsas de trabajo docentes, así como las bases aplicables al personal integrante de las mismas (Boletín Oficial de la Junta de Andalucía de 18 de junio de 2020-núm. 116).

COMUNIDAD AUTÓNOMA DE ASTURIAS

Resolución de 22 de mayo de 2017, de la Consejería de Educación y Cultura, por la que se establecen las titulaciones necesarias para el desempeño de puestos en régimen de interinidad (Boletín Oficial del Principado de Asturias de 12 de junio de 2017-núm. 134).

Nota: De acuerdo con lo que se establece en la disposición transitoria primera del Reglamento de ingreso, aprobado por el Real Decreto 276/2007, hasta que no se regule para cada enseñanza la formación pedagógica y didáctica establecida en el artículo 100.2 de la Ley orgánica 2/2006, de 3 de mayo, no se exige esta formación a los aspirantes al ingreso en este Cuerpo.

El TÍTULO SUPERIOR DE MÚSICA Y EQUIVALENTES, como titulaciones habilitantes para el acceso como funcionario de carrera del Cuerpo de Catedráticos y Profesores de Música y Artes Escénicas y del Cuerpo de Profesores de Enseñanza Secundaria

Convocatorias

Cuerpo de Catedráticos de Música y Artes Escénicas*

Selección de convocatorias de comunidades autónomas:

Convocatoria procesos selectivos del Cuerpo de Catedráticos de Música y Artes Escénicas de la Comunidad de Madrid (Boletín Oficial de la Comunidad de Madrid de 4 de octubre 2018). Modalidad: ACCESO.

Convocatoria procesos selectivos del Cuerpo de Catedráticos de Música y Artes Escénicas de la Comunidad Autónoma de Aragón (Boletín Oficial de Aragón de 18 de diciembre de 2019). Modalidad: ACCESO.

Convocatoria procesos selectivos del Cuerpo de Catedráticos de Música y Artes Escénicas de la Comunidad Autónoma de Castilla y León (Boletín Oficial de Castilla y León de 25 de abril de 2019). Modalidad: INGRESO.

Convocatoria procesos selectivos del Cuerpo de Catedráticos de Música y Artes Escénicas de la Comunidad Autónoma de Andalucía (Boletín Oficial de la Junta de Andalucía de 10 de diciembre de 2020). Modalidad: INGRESO.

Convocatoria procesos selectivos del Cuerpo de Catedráticos de Música y Artes Escénicas de la Comunidad Valenciana (Diario Oficial de la Generalitat Valenciana de 29 de diciembre de 2022). Modalidad: INGRESO.

Cuerpo de Profesores de Música y Artes Escénicas

Selección de convocatorias de comunidades autónomas:

Convocatoria procesos selectivos del Cuerpo de Profesores de Música y Artes Escénicas de la Comunidad Autónoma de la Región de Murcia (Boletín Oficial de la Región de Murcia de 5 de marzo de 2020).

Convocatoria procesos selectivos del Cuerpo de Profesores de Música y Artes Escénicas de la Comunidad Valenciana (Diario Oficial de la Generalitat Valenciana de 26 de noviembre de 2020).

Convocatoria procesos selectivos del Cuerpo de Profesores de Música y Artes Escénicas de la Comunidad de Madrid (Boletín Oficial Comunidad de Madrid de 8 de febrero de 2022).

Convocatoria procesos selectivos del Cuerpo de Profesores de Música y Artes Escénicas de la Comunidad Autónoma de Castilla y León (Boletín Oficial de Castilla y León de 22 de diciembre de 2022).

Convocatoria procesos selectivos del Cuerpo de Profesores de Música y Artes Escénicas de la Comunidad Autónoma de La Rioja (Boletín Oficial de La Rioja de 9 de marzo de 2023).

Convocatoria procesos selectivos del Cuerpo de Profesores de Música y Artes Escénicas de la Comunidad Autónoma de Andalucía (Boletín Oficial de la Junta de Andalucía de 10 de marzo de 2023).

Convocatoria procesos selectivos del Cuerpo de Profesores de Música y Artes Escénicas de la Comunidad Autónoma de Extremadura (Diario Oficial de Extremadura de 16 de marzo de 2023).

Convocatoria procesos selectivos del Cuerpo de Profesores de Música y Artes Escénicas de la Comunidad Autónoma de Cantabria (Boletín Oficial de Cantabria de 29 de marzo de 2023).

Cuerpo de Profesores de Enseñanza Secundaria***

Selección de convocatorias de comunidades autónomas: Convocatoria procesos selectivos del Cuerpo de Profesores de Enseñanza Secundaria de la Comunidad Autónoma de Canarias (Boletín Oficial de Canarias de 29 de marzo de 2021).

Convocatoria procesos selectivos del Cuerpo de Profesores de Enseñanza Secundaria de la Comunidad Autónoma Islas Baleares (Boletín Oficial de las Islas Baleares de 25 de febrero de 2020).

Convocatoria procesos selectivos del Cuerpo de Profesores de Enseñanza Secundaria del País Vasco (Boletín Oficial del País Vasco de 27 de febrero de 2020).

Convocatoria procesos selectivos del Cuerpo de Profesores de Enseñanza Secundaria de la Comunidad de Madrid (Boletín Oficial de la Comunidad de Madrid de 8 de febrero de 2022).

Convocatoria procesos selectivos del Cuerpo de Profesores de Enseñanza Secundaria de la Comunidad Autónoma de La Rioja (Boletín Oficial de La Rioja de 9 de marzo de 2023).

Convocatoria procesos selectivos del Cuerpo de Profesores de Enseñanza Secundaria de la Comunidad Autónoma de Andalucía (Boletín Oficial de la Junta de Andalucía de 10 de marzo de 2023).

Convocatoria procesos selectivos del Cuerpo de Profesores de Enseñanza Secundaria de la Comunidad Autónoma de Cantabria (Boletín Oficial de Cantabria de 29 de marzo de 2023).

*Nota: El personal que participe en el procedimiento de acceso o ingreso al Cuerpo de Catedráticos de Música y Artes Escénicas deberá estar en posesión de la formación y capacidad de tutela en las investigaciones propias de las enseñanzas artísticas a que se refiere el artículo 17 del Real Decreto 276/2007, de 23 de febrero.

****Nota:** De acuerdo con lo que se establece en la disposición transitoria primera del Reglamento de ingreso, aprobado por el Real Decreto 276/2007, hasta que no se regule para cada enseñanza la formación pedagógica y didáctica establecida en el artículo 100.2 de la Ley orgánica 2/2006, de 3 de mayo, no se exige esta formación a los aspirantes al ingreso en este cuerpo.

*****Nota:** El profesorado que imparta Educación Secundaria Obligatoria o Bachillerato deberá acreditar la formación pedagógica y didáctica establecida en el artículo 100.2 de la Ley Orgánica 2/2006, de 3 de mayo, de Educación, por tanto, estar en posesión del correspondiente título de Máster regulado por la Orden ECI/3858/2007, de 27 de diciembre, por la que se establecen los requisitos de verificación de los títulos universitarios oficiales que habiliten para el ejercicio de las profesiones de profesor de Educación Secundaria Obligatoria y Bachillerato, Formación Profesional y Enseñanza de Idiomas.

El TÍTULO SUPERIOR DE MÚSICA Y EQUIVALENTES, como titulaciones habilitantes para el acceso a otros puestos de trabajo de las Administraciones Públicas

La consideración de las titulaciones superiores de música como Título de Grado y anteriormente como títulos equivalentes a todos los efectos a Licenciado universitario posibilita acceder a los puestos de trabajo de los anexos II, III y IV.

Consultar ANEXOS:

Anexo I: Acceso a puestos de trabajo relacionados con la Música.

Anexo II: Acceso a puestos de trabajo relacionados con la Cultura.

Anexo III: Acceso a Cuerpos, Escalas y otros puestos de trabajo de las Administraciones Públicas.

Anexo IV: Acceso a puestos de trabajo con el requisito del Título de Diplomado Universitario.

Anexo I
Acceso a diversos puestos de trabajo relacionados con la Música (selección)

Directores/as de Bandas de Música

– Director/a de la Banda Municipal de Música del Ayuntamiento de Arenas de San Pedro (Boletín Oficial de la Provincia de Ávila de 18 de mayo de 2018).

– Director/a de la Banda de Música del Ayuntamiento de Socuéllamos (Boletín Oficial Provincia de Ciudad Real de 5 de diciembre de 2018).

– Director/a de la Banda Municipal de Música del Ayuntamiento de Lugo (Boletín Oficial de Lugo de 4 de febrero de 2020).

– Director/a de la Banda de Música do Concello A Coruña (Boletín Oficial Provincia A Coruña de 11 de julio de 2022).

– Oficial Músico-Convocatoria Reservistas Voluntarios de las Fuerzas Armadas (BOE de 27 de octubre de 2022).

– Director/a de la Banda de Música de la Diputación de Guadalajara (Boletín Oficial Provincia de Guadalajara de 28 de octubre de 2022).

– Director/a de la Banda Municipal del Ayuntamiento de Jaén (Boletín Oficial Provincia de Jaén de 22 de noviembre de 2022).

Director/a de la Banda de Música del Ayuntamiento de Benaoján (Boletín Oficial Provincia de Málaga de 7 de diciembre de 2022).

– Director/a de la Banda de Música del Ayuntamiento de Outes (Boletín Oficial Provincia de A Coruña de 20 de diciembre de 2022).

– Director/a de la Banda Municipal de Música del Ayuntamiento de Brea de Aragón (Boletín Oficial Provincia de Zaragoza de 24 de diciembre de 2022).

– Director/a de la Banda de Música del Ayuntamiento de la Breña Baja (Boletín Oficial Provincia Santa Cruz de Tenerife de 21 de diciembre de 2022). **Requisito: Licenciatura o Grado en Estudios Musicales u otra equivalente conforme al Marco Europeo de Cualificaciones.**

– Director/a de la Banda Municipal de Música del Ayuntamiento de Negreira (Boletín Oficial Provincia de A Coruña de 26 de diciembre de 2022).

– Director/a de la Banda Municipal de Música del Ayuntamiento de Alcanar (Boletín Oficial Provincia de Tarragona de 30 de diciembre de 2022).

– Técnico/a Superior-Dirección Banda de Música del Ayuntamiento de Portugalete (Boletín Oficial de Bizkaia de 30 de diciembre de 2022). **Requisito: Título Universitario Director de Orquesta o equivalente.**

– Director/a de la Banda de Música del Ayuntamiento de Portugalete (Boletín Oficial Provincia de Bizkaia de 30 de diciembre de 2022).

– Director/a Musical y Jefe/a de Servicio de la Banda Sinfónica Municipal del Ayuntamiento de Albacete (Boletín Oficial Provincia de Albacete de 20 de diciembre de 2023).

– Escala de Oficiales del Cuerpo de Músicas Militares-Especialidad Fundamental Dirección (BOE de 8 de mayo de 2024).

Profesores/as Instrumentistas
de Orquestas y Bandas de Música

– Profesores/as de la Banda de Música del Ayuntamiento de Santander (promoción interna) (Boletín Oficial de Cantabria de 5 de abril de 2018).

– Músicos/as de la Banda Sinfónica Municipal del Ayuntamiento de Madrid (Boletín Oficial del Ayuntamiento de Madrid de 12 de marzo de 2019).

– Banda de Música del Cuerpo Nacional de Policía (convocatoria restringida a funcionarios de carrera de la Administración Pública) (BOE de 31 de julio de 2019).

– Profesores/as de la Orquesta Valencia-Palau de la Música (BOE de 27 de enero 2020).

– Profesores/as de la Banda Municipal del Ayuntamiento de Santiago de Compostela (Boletín Oficial de la Provincia de A Coruña de 28 de abril de 2021).

– Profesor/a de la Banda Municipal de Música del Ayuntamiento de Málaga (Boletín Oficial Provincia de Málaga de 10 de agosto de 2021).

– Profesor/a de la Banda Municipal de Música del Ayuntamiento de Sevilla (Boletín Oficial Provincia de Sevilla de 17 de diciembre de 2022).

– Profesores/as de la Banda Municipal de Música del Ayuntamiento de Granada (Boletín Oficial Provincia de Granada de 2 de mayo de 2023).

– Escala de Oficiales del Cuerpo de Músicas Militares (especialidad fundamental instrumentista) (BOE de 9 de mayo de 2023).

– Profesores/as de la Orquesta Nacional de España (ONE) (BOE de 2 de octubre de 2023).

– Músico/a-instrumentista de la Orquesta Sinfónica de Tenerife (Boletín Oficial Provincia Santa Cruz de Tenerife de 27 de marzo de 2024).

– Profesores/as de Banda de Música del Ayuntamiento de Palma (Boletín Oficial Islas Baleares de 16 de abril de 2024).

Director/a, coordinador/a de Conservatorios de Música

– Coordinador/a de la Escuela de Música y Conservatorio «Manuel de Falla» del Ayuntamiento de Alcorcón (Boletín Oficial de la Comunidad de Madrid de 28 julio de 2016).

– Director/a de la Escuela de Música del Ayuntamiento de Manilva (Boletín Oficial Provincia de Málaga de 30 de noviembre de 2022).

– Director/a de la Escuela de Música del Ayuntamiento de Gerena (Boletín Oficial Provincia de Sevilla de 21 de diciembre de 2022).

– Director/a, Secretario/a, Jefe/a de Estudios del Conservatorio del Ayuntamiento de Ribeira (Boletín Oficial Provincia de A Coruña de 27 de diciembre de 2022). **Recoge también los títulos del Decreto 1942.**

– Director/a del Conservatorio de Música del Ayuntamiento de Gondomar (Boletín Oficial Provincia de Pontevedra de 28 de diciembre de 2022).

– Director/a Conservatorio de Música del Ayuntamiento de Arzúa (Boletín Oficial Provincia de A Coruña de 22 de febrero de 2023).

– Director/a de la Escuela Municipal de Música del Ayuntamiento de Torelló (Boletín Oficial Provincia de Barcelona de 16 de noviembre de 2023).

Profesores/as de Conservatorios de Música

– Profesor/a del Patronato Municipal de Música de Toledo (Boletín Oficial Provincia de Toledo de 26 de marzo de 2021).

– Profesores/as del Conservatorio de Música del Ayuntamiento de Manresa (Boletín Oficial Provincia de Barcelona de 19 de abril de 2021).

– Profesores/as del Conservatorio de Música del Ayuntamiento de Altea (Boletín Oficial Provincia de Alicante de 16 de junio de 2022).

– Profesores/as del Conservatorio de Música del Ayuntamiento de Sagunto (Boletín Oficial Provincia de Valencia de 18 de agosto de 2022).

– Profesores/as del Conservatorio de Música del Ayuntamiento de Orihuela (Boletín Oficial Provincia de Alicante de 30 de agosto de 2022).

– Profesores/as del Conservatorio de la Diputación de Cáceres (Boletín Oficial Provincia de Cáceres de 30 de noviembre de 2022). **La convocatoria hace referencia a los títulos del Decreto de 1942 y Diploma de Capacidad correspondientes de planes de estudios anteriores.**

– Profesores/as de Música del Conservatorio Municipal de Música del Ayuntamiento de Jávea (Boletín Oficial Provincia de Alicante de 2 de diciembre de 2022).

141

– Profesores/as del Conservatorio de Música del Ayuntamiento de Carballo (Boletín Oficial Provincia de A Coruña de 2 de diciembre de 2022). **Requisito: Título Decreto de 1942.**

– Profesores/as del Conservatorio de Música de Monforte de Lemos (Boletín Oficial Provincia de Lugo de 10 de diciembre de 2022).

– Profesores/as del Conservatorio de Música del Ayuntamiento O Carballiño (Boletín Oficial Provincia de Ourense de 14 de diciembre de 2022).

– Profesores/as del Conservatorio de Música del Ayuntamiento de Segorbe (Boletín Oficial Provincia de Castellón de 27 de diciembre de 2022).

– Profesores/as del Conservatorio de Música de la Diputación de Badajoz (Boletín Oficial Provincial de Badajoz de 28 de diciembre de 2022).

– Profesores del Conservatorio de Música del Ayuntamiento de Melide (Boletín Oficial Provincia de A Coruña de 29 de diciembre de 2022).

– Profesores/as del Conservatorio Municipal de Música del Ayuntamiento de Redondela (Boletín Oficial Provincia de Pontevedra de 11 de enero de 2023).

– Profesores/as del Conservatorio de Música de la Diputación de Cáceres (Boletín Oficial Provincia de Cáceres de 31 de enero de 2024).

Directores/as de Escuelas de Música

– Director/a de la Escuela Municipal de Música del Ayuntamiento de Bailén (Boletín Oficial de la Junta de Andalucía de 19 de enero de 2011).

– Coordinador/a de la Escuela de Música y Conservatorio «Manuel de Falla» del Ayuntamiento de Alcorcón (Boletín Oficial de la Comunidad de Madrid de 28 julio de 2016).

– Director/a de la Escuela Municipal de Música del Ayuntamiento de Andújar (Boletín Oficial de la Provincia de Jaén de 10 de junio de 2022).

– Director/a de la Escuela de Música del Ayuntamiento de Valencia de Don Juan (Boletín Oficial de Castilla y León de 15 de junio de 2022).

– Director/a de la Escuela Municipal de Música del Ayuntamiento de Chapinería (Boletín de la Comunidad de Madrid de 1 de agosto de 2022).

– Coordinador/a de la Escuela Municipal de Flamenco del Ayuntamiento de Granada (Boletín Oficial Provincia de Granada de 18 de agosto de 2022).

– Director/a de la Escuela de Música del Ayuntamiento de Manilva (Boletín Oficial Provincia de Málaga de 30 de noviembre de 2022).

– Director/a de la Escuela de Música del Ayuntamiento de Gerena (Boletín Oficial Provincia de Sevilla de 21 de diciembre de 2022).

– Dirección y Secretaría de la Escuela de Música del Ayuntamiento de Garrucha (Boletín Oficial Provincia de 23 de diciembre de Almería de 2022).

– Director/a de la Escuela de Música del Ayuntamiento de Mequinenza (Boletín Oficial Provincia de Zaragoza de 27 de diciembre de 2022).

– Director/a de la Escuela Municipal de Música del Ayuntamiento de Consuegra (Boletín Oficial Provincia de Toledo de 30 de diciembre de 2022).

– Coordinador/a-Profesor/a de la Escuela de Música del Ayuntamiento del Campo de Criptana (Boletín Oficial Provincia de Ciudad Real de 6 de febrero de 2023).

– Director/a de la Escuela Municipal de Música del Ayuntamiento de Fuensalida (Boletín Oficial Provincia de Toledo de 21 de diciembre de 2023).

– Director/a de la Escuela de Música del Ayuntamiento de Miguelturra (Boletín Oficial Provincia de Ciudad Real de 28 de febrero de 2024).

Profesores/as de Escuelas de Música

– Profesores/as de la Escuela de Música «Andrés Isasi» de Getxo (Boletín Oficial Provincia de Bizkaia de 21 de mayo de 2019).

– Profesores/as de la Escuela Municipal de Música del Ayuntamiento de Astorga (Boletín Oficial de la Provincia de León de 20 de agosto de 2019).

– Monitor/a-Profesor/a de la Escuela de Música del Ayuntamiento de Villa del Río (Boletín Oficial Provincia de Córdoba de 1 de octubre de 2019).

– Profesores/as de la Escuela Municipal de Música de Palma (Boletín Oficial de las Islas Baleares de 21 de agosto de 2021).

– Profesor/a de Música del Ayuntamiento de Alcoy (Boletín Oficial Provincia de Alicante de 1 de diciembre de 2021).

– Profesores/as de la Escuela Municipal de Música del Ayuntamiento de Andújar (Boletín Oficial de la Provincia de Jaén de 10 de junio de 2022).

– Profesores/as de Música del Ayuntamiento de Valencia de Don Juan (Boletín Oficial de la Provincia de León de 30 de junio de 2022).

– Profesores/as de la Escuela de Música del Ayuntamiento de Camargo (Boletín Oficial de Cantabria de 11 de octubre de 2022).

– Profesor/a de Música del Ayuntamiento de Agramunt (Boletín Oficial Provincia de Lleida de 2 de diciembre de 2022).

– Profesor/a de Música del Ayuntamiento de Molina de Segura (Boletín Oficial Región de Murcia de 8 de noviembre de 2022).

– Profesores/as de la Escuela de Música del Ayuntamiento de Manilva (Boletín Oficial Provincia de Málaga de 30 de noviembre de 2022).

– Profesores/as de la Escuela de Música de Meaño (Boletín Oficial Provincia de Pontevedra de 9 de diciembre de 2022).

– Profesor/a de la Escuela Municipal de Música de Simancas (Boletín Oficial Provincia de Valladolid de 13 de diciembre de 2022).

– Profesor/a de Música del Ayuntamiento de Cuenca (Boletín Oficial Provincia de Cuenca de 14 de diciembre de 2022).

– Profesores/as de la Escuela Municipal de Música del Ayuntamiento de Jaca (Boletín Oficial Provincia de Huesca de 23 de diciembre de 2022). **Requisito: Incluye todos los Títulos Superiores, citando los Títulos de Profesor y Profesional de Decreto de 1942, Diploma de Capacidad de 1917 y de Profesor del Decreto de 1966.**

– Profesor/a de Música del Ayuntamiento de Mequinenza (Boletín Oficial Provincia de Zaragoza de 27 de diciembre de 2022).

– Profesores/as de Música del Patronato Municipal de Cultura del Ayuntamiento de Arona (Boletín Oficial Provincia Santa Cruz de Tenerife de 30 de diciembre de 2022).

– Profesor/a de la Escuela de Música del Ayuntamiento de Camargo (Boletín Oficial de Cantabria de 21 de diciembre de 2023).

– Profesor/a de Música del Ayuntamiento de Gallur (Boletín Oficial Provincia de Zaragoza de 19 de enero de 2023). **Requisito: Incluye el Título Profesional del Decreto 1942.**

– Profesores/as de la Escuela de Música del Ayuntamiento de Mota del Cuervo (Boletín Oficial Provincia de Cuenca de 22 de mayo de 2023).

– Profesores/as de la Escuela Municipal de Música del Ayuntamiento de Fuensalida (Boletín Oficial Provincia de Toledo de 21 de diciembre de 2023).

Profesores/as Asociados de Universidad

– Profesores/as Asociados/as de Universidad (Didáctica de la Expresión Musical), Universidad de Málaga (Boletín Oficial Junta de Andalucía de 8 de septiembre de 2008).

– Profesores/as Asociados/as de Universidad (Didáctica de la Expresión Musical), Universidad de Sevilla (Boletín Oficial Junta de Andalucía de 3 de diciembre de 2015).

– Profesores/as Asociados/as de Universidad (Didáctica de la Expresión Musical), Universidad de Zaragoza (Boletín Oficial de Aragón de 14 de septiembre de 2017).

– Profesores/as Asociados/as Universidad de Castilla-La Mancha (Área de Conocimiento Música) (Diario Oficial de Castilla-La Mancha de 8 de julio de 2021).

Otros puestos de trabajo

– Jefe/a del Servicio del Conservatorio (libre designación) del Ayuntamiento de Avilés (Boletín Oficial del Principado de Asturias de 24 de febrero de 2020).

– Titulado/a Superior de Actividades Específicas, personal laboral fijo del Ministerio de Defensa y sus Organismos Autónomos (BOE de 30 de enero de 2019- Pág. 8137).

– Director/a Técnico/a (Contrato de Alta Dirección), del Organismo Autónomo Local Patronato Insular de Música (Orquesta Sinfónica de Tenerife (Boletín Oficial Provincia de Santa Cruz de Tenerife de 15 de mayo de 2023). **Requisito: Estar en posesión del título de graduado o graduada universitario o del título superior de enseñanzas artísticas superiores.**

Anexo II
Acceso a puestos de trabajo relacionados con la Cultura (selección)

Nota: En las mismas condiciones de acceso, los titulados/as y graduados/as de las Escuelas Superiores de Arte Dramático, Conservatorios Superiores de Danza, Escuelas Superiores de Conservación y Restauración de Bienes Culturales, Escuelas Superiores de Artes Plásticas y Diseño podrían acceder a los siguientes puestos de trabajo:

– Gerente de la Fundación Municipal de Cultura del Ayuntamiento de Valladolid (Boletín Oficial de la Provincia de Valladolid de 16 de marzo de 2017).

– Coordinador/a de Actividades Conservatorios de Música del Área de Cultura, Juventud y Bienestar Social de la Diputación de Badajoz (Boletín Oficial de la Provincia de Badajoz de 19 de mayo de 2017).

– Director/a de Cultura. Instituto Cervantes (BOE de 15 de junio de 2017).

– Programador/a Cultural del Ayuntamiento de Albacete (Boletín Oficial Provincia de Albacete de 26 de febrero de 2018).

– Ayudantes de Museos del Ayuntamiento de Santander (Boletín Oficial de Cantabria de 5 de abril de 2018).

– Director/a de la Casa de Cultura del Ayuntamiento de Villarrobledo (Boletín Oficial Provincia de Albacete de 14 de noviembre de 2018).

– Directores/as de Centros Culturales-Ministerio de Asuntos Exteriores (BOE de 1 de octubre de 2019).

Técnico/a Actividades Culturales del Ayuntamiento de Alcantarilla (Boletín Oficial de la Región de Murcia de 12 de enero de 2021).

– Gerente del Instituto Municipal de Cultura y Turismo del Ayuntamiento de Burgos (Boletín Oficial de la provincia de Burgos de 28 de enero de 2021).

– Técnico/a en Dirección de Proyectos Culturales de la Diputación Foral de Bizkaia (Boletín Oficial de Bizkaia de 9 de septiembre de 2021).

– Titulado/a Superior Actividades Culturales de la Universidad de León (BOE de 21 de septiembre de 2021).

– Gestor/a de Actividades Culturales de la Universidad de Cantabria (BOE de 25 de septiembre de 2021).

– Director/a de Actividades de la Casa de Cultura de Basauri (Boletín Oficial de Bizkaia de 24 de junio de 2022).

– Técnicos/as Superiores de Promoción Cultural de la Diputación Foral de Gipuzkoa (Boletín Oficial de Gipuzkoa de 8 de julio de 2022).

– Responsable de Cultura del Ayuntamiento de Roquetas de Mar (Boletín Oficial Provincia de Almería de 2 de septiembre de 2022).

– Jefatura de Sección de Cultura de la Diputación de Cáceres (Boletín Oficial Provincia de Cáceres de 26 de octubre de 2022).

– Jefe/a del Departamento de Cooperación y Promoción Cultural de la Agencia Española de Cooperación Internacional para el Desarrollo del Ministerio de Asuntos Exteriores (BOE de 21 de diciembre de 2022).

– Jefe/a Sección Cultura y Turismo del Ayuntamiento de Moixent (Boletín Oficial Provincia de Valencia de 30 de diciembre de 2022).

– Director/a del Centro Cultural de la Cooperación Española de la Agencia Española de Cooperación Internacional para el Desarrollo (BOE de 30 de marzo de 2023).

– Coordinador/a de Actividades Culturales del Cabildo Insular de la Gomera (Boletín Oficial Provincia de Santa Cruz de Tenerife de 26 de abril de 2023).

– Técnico/a de Cultura de la Diputación Provincial da Coruña (Boletín Oficial Provincia de A Coruña de 12 de mayo de 2023).

– Técnico/a Especialista inventario artístico de la Diputación Provincial de Córdoba (Boletín Oficial de 7 de junio de 2023).

– Jefe/a de Servicio de Cultura del Ayuntamiento de Palencia (Boletín Oficial Provincia de Palencia de 16 de Junio de 2023).

Coordinador/a de Juventud del Ayuntamiento de Barbate (Boletín Oficial Provincia de Cádiz de 4 de enero de 2023).

– Archivero/a-Gestor/a Cultural-Director/a Casa de Cultura del Ayuntamiento de Ribadedeva (Boletín Oficial del Principado de Asturias de 12 de diciembre de 2023).

Anexo III
Acceso a diversos Cuerpos, Escalas y otros puestos de trabajo de las Administraciones Públicas (selección)

Nota: En las mismas condiciones de acceso, los titulados/as y graduados/as de las Escuelas Superiores de Arte Dramático, Conservatorios Superiores de Danza, Escuelas Superiores de

Conservación y Restauración de Bienes Culturales, Escuelas Superiores de Artes Plásticas y Diseño podrían acceder a los siguientes puestos de trabajo:

– Escala de Técnicos Facultativos Superiores de Organismos Autónomos del Ministerio de Medio Ambiente (BOE de 8 de junio de 2018).

– Titulado Superior de Actividades Específicas del Ministerio de Cultura y Deporte y sus Organismos Autónomos (BOE de 30 de enero de 2019).

– Escala de Técnicos Facultativos Superiores de Organismos Autónomos del Ministerio de Agricultura, Pesca y Alimentación (BOE de 20 de mayo de 2019).

– Escala de Técnicos Superiores Especializados de los Organismos Públicos de Investigación (BOE de 31 de diciembre de 2020).

– Coordinadores Generales de la Cooperación Española-Ministerio de Asuntos Exteriores (BOE de 11 de marzo de 2021).

– Jefe del Departamento de Cooperación Multilateral-Ministerio de Asuntos Exteriores (BOE de 7 de mayo de 2021).

– Escala Superior del Cuerpo del Cuerpo de Seguridad Nuclear y Protección Radiológica (BOE de 1 de septiembre de 2021).

– Cuerpo Superior de Técnicos de la Administración de la Seguridad Social (BOE de 18 de abril de 2022).

– Cuerpo Superior de Vigilancia Aduanera (Especialidad de Investigación) (BOE de 24 de mayo de 2022).

– Cuerpo Superior de Estadísticos del Estado (BOE de 3 de octubre de 2022).

– Director/a de Relaciones Internacionales-Instituto Cervantes (BOE de 15 de octubre de 2022).

– Escala Técnica de Gestión de Organismos Autónomos (BOE de 17 de enero de 2023).

– Escala de Tecnólogos de los Organismos Públicos de Investigación (BOE de 24 de febrero de 2023).

– Cuerpo Facultativo de Conservadores de Museos (BOE de 1 de abril de 2023).

– Cuerpo Superior de Administradores Civiles del Estado (BOE de 8 de junio de 2023).

– Cuerpo Superior de Sistemas y Tecnologías de la Información de la Administración del Estado (BOE de 8 de junio de 2023).

– Cuerpo Superior de Actuarios, Estadísticos y Economistas de la Administración de la Seguridad Social (BOE de 9 de junio de 2023).

– Cuerpo Facultativo de Archiveros, Bibliotecarios y Arqueólogos (BOE de 26 de junio de 2023).

– Escala Superior de Técnicos de Tráfico (BOE de 21 de agosto de 2023).

– Cuerpo Superior de Auditores del Tribunal de Cuentas (BOE de 19 de diciembre de 2023).

– Escala Ejecutiva, categoría de Inspector/a, del Cuerpo Nacional de Policía (BOE de 7 Septiembre de 2023).

– Escala de Titulados Superiores del Instituto Nacional de Seguridad e Higiene en el Trabajo (BOE de 2 de enero de 2024).

– Escala de Científicos Superiores de la Defensa (BOE de 3 de enero de 2024).

– Escala de Titulados Superiores de Organismos Autónomos del Ministerio de Industria y Turismo (BOE de 5 de enero de 2024).

– Cuerpo Superior de Metereólogos del Estado (BOE de 13 de febrero de 2024).

– Cuerpo Superior de Gestión Catastral (BOE de 19 de febrero de 2024).

– Cuerpo Carrera Diplomática (BOE de 28 de febrero de 2024).

– Cuerpo de Traductores e Intérpretes del Estado (BOE de 16 de marzo de 2024).

– Cuerpo Superior de Inspectores de Trabajo y Seguridad Social (BOE de 21 de marzo de 2024).

– Cuerpo Superior de Inspectores de Seguros del Estado (BOE de 25 de marzo de 2024).

– Cuerpo Superior de Técnicos Comerciales y Economistas del Estado (BOE de 10 de abril de 2024).

– Cuerpo de Astrónomos (BOE de 17 de abril de 2024).

– Cuerpo Superior de Inspectores de Hacienda del Estado (BOE de 19 de abril de 2024).

– Director/a de centro en el exterior-Instituto Cervantes (BOE de 19 de abril de 2024).

– Cuerpo de Inspectores del SOIVRE (BOE de 23 de abril de 2024).

– Cuerpo Superior de Interventores y Auditores de la Administración de la Seguridad Social (BOE de 24 de mayo de 2024).

Otros puestos de trabajo de las Administraciones Autonómicas, Locales y Universidad (selección)

– Superintendente de la Policía Local del Ayuntamiento de Huelva (Boletín Oficial de la Provincia de Huelva de 2 de febrero de 2017).

– Técnico/a Superior de Medio Ambiente de la Diputación de Córdoba (Boletín Oficial de la Provincia de Córdoba de 24 de marzo de 2017).

– Técnico/a Superior, técnico de organización del Ayuntamiento de Madrid (Boletín Oficial Ayuntamiento de Madrid de 13 de marzo de 2019).

– Cuerpo de Técnicos/as Superiores Facultativos de Archivos, Bibliotecas y Museos-Especialidad de Museos (Boletín Oficial de la Comunidad de Madrid de 22 de marzo de 2019).

– Directores/as Generales del Ayuntamiento de Marbella (Boletín Oficial Provincia de Málaga de 16 de julio de 2019).

– Cuerpo Superior de la Administración General de la Comunidad Autónoma de Galicia (Diario Oficial de Galicia de 26 de noviembre de 2019).

– Escala Técnica de Administración Universitaria (Universidad de Huelva) (BOE de 21 de marzo de 2020).

– Agente de Igualdad del Ayuntamiento de Logroño (Boletín Oficial de La Rioja de 9 de abril de 2021).

– Técnico/a Superior de Administración General del Ayuntamiento de Getafe (Boletín Oficial de la Comunidad de Madrid de 21 de abril de 2020).

– Plazas personal laboral, Grupo I, Nivel B de la Universidad Nacional de Educación a Distancia (BOE de 24 de mayo de 2021).

– Técnico/a Superior de Protocolo del Ayuntamiento de Málaga (Boletín Oficial Provincia de Málaga de 10 de agosto de 2021).

– Técnicos/as Especialistas Inventario Artístico de la Diputación de Córdoba (Boletín Oficial Provincia de Córdoba de 7 de junio de 2023).

Anexo IV
Acceso a puestos de trabajo con la equivalencia al Título de Diplomado Universitario

Nota: Destaca por su interés la posibilidad de acceder a puestos de trabajo en los que se requiere la Diplomatura Musical o Universitaria, lo que no se identifica como tal en los estudios musicales, pero que tiene su equivalencia (tres cursos completos de licenciatura conforme a lo dispuesto en la disposición adicional primera del Real Decreto 1272/2003, de 10 de octubre). Es habitual este requisito en convocatorias de ámbito musical y otros puestos de trabajo de la Administraciones Públicas (consultar puestos de trabajo con la Equivalencia al Título de Diplomado Universitario).

Ejemplo de convocatoria que hace referencia a la equivalencia al Título de Diplomado Universitario:

(Extracto) RESOLUCIÓN de 12 de abril de 2023, de la Subsecretaría, por la que se convocan procesos selectivos para ingreso, por el sistema general de acceso libre y por promoción interna, en el Cuerpo de Gestión de la Administración de la Seguridad Social.

(BOE de 18 de abril de 2023)

3.1. Titulación.

Se requiere estar en posesión del título de Ingeniero Técnico, Diplomado Universitario, Arquitecto Técnico o Grado o tener cumplidas las condiciones para obtenerlo en la fecha de finalización del plazo de presentación de solicitudes.

También, a estos efectos, se considerará equivalente al título de Diplomado Universitario el haber superado tres cursos completos de Licenciatura, conforme a lo dispuesto en la disposición adicional primera del Real Decreto 1272/2003, de 10 de octubre.

EQUIVALENCIAS AL TÍTULO DE DIPLOMADO UNIVERSITARIO CON ESTUDIOS MUSICALES

ORIENTACIÓN PROFESIONAL

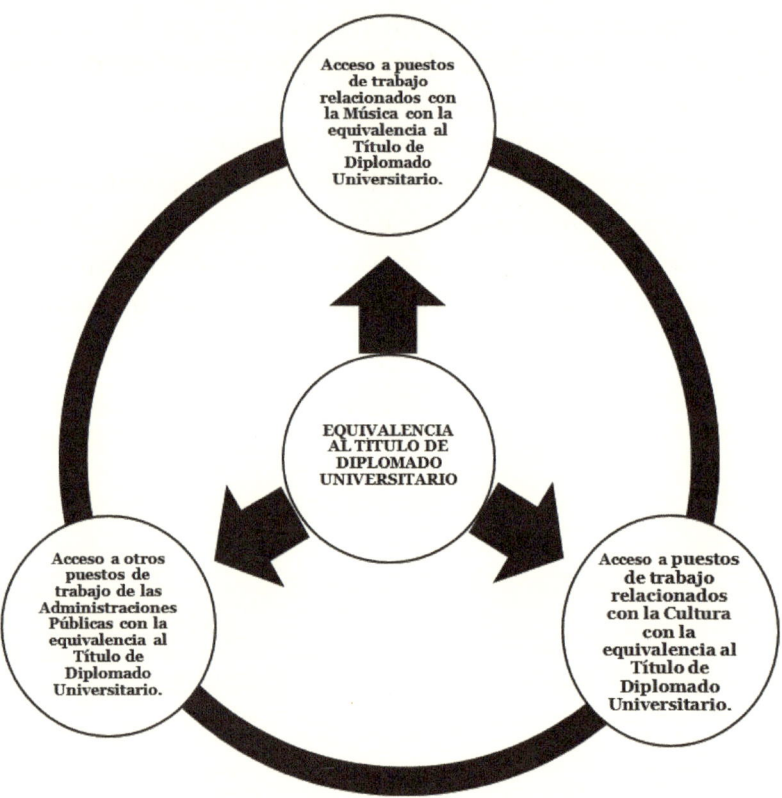

Más información de interés:

REAL DECRETO 1272/2003, de 10 de octubre, por el que se regulan las condiciones para la declaración de equivalencia de títulos españoles de enseñanza superior universitaria o no universitaria a los títulos universitarios de carácter oficial y validez en todo el territorio nacional.

(BOE de 24 de octubre de 2003).

Acceso a puestos de trabajo relacionados con la Música con la equivalencia al Título de Diplomado Universitario (selección)

Directores/as de Escuelas de Música
– Director/a de la Escuela de Música del Ayuntamiento de Valencia de Don Juan (Boletín Oficial de Castilla y León de 15 de junio de 2022).

– Director/a de la Escuela y Banda Municipal de Música del Ayuntamiento de La Bañeza (Boletín Oficial Provincia de León de 20 de diciembre de 2022). **Requisito: Diplomado, Ingeniero Técnico, Arquitecto Técnico o Grado o titulación equivalente según la legislación vigente.**

– Director/a de la Escuela Municipal de Música del Ayuntamiento de Villafranca del Bierzo (Boletín Oficial Provincia de León de 20 de diciembre de 2022).

– Director/a de la Escuela de Música del Ayuntamiento de Briviesca (Boletín Oficial de Castilla y León de 21 de diciembre de 2022). **Requisito: Diplomatura de Educación Musical.**

– Dirección y Secretaría de la Escuela de Música del Ayuntamiento de Garrucha (Boletín Oficial Provincia de 23 de diciembre de Almería de 2022).

– Director/a y Profesores/as de la Escuela de Música del Ayuntamiento del Arahal (Boletín Oficial Provincia de Sevilla de 27 de diciembre de 2022).

– Director/a de la Escuela y Banda de Música del Ayuntamiento de Burguillos del Cerro (Boletín Oficial Provincia de Badajoz de 27 de diciembre de 2022).

– Director/a de la Escuela Municipal de Música del Ayuntamiento de Peñaranda de Bracamonte (Boletín Oficial Provincia de Salamanca de 20 de marzo de 2023).

– Director/a de la Escuela de Música del Ayuntamiento de Olmedo (Boletín Oficial Provincia de Valladolid de 13 de febrero de 2024).

Profesores/as de Conservatorio, Escuelas y Bandas de Música

– Profesor/a de la Escuela de Música del Ayuntamiento de Baños de la Encina (Boletín Oficial Provincia de Jaén de 2 de septiembre de 2020). **Requisito: Diplomado/a Universitario, Ingeniero/a Técnico, Arquitecto/a Técnico o el título de Grado.**

– Profesor/a de Música del Ayuntamiento de Marbella (Boletín Oficial Provincia de Málaga de 4 de mayo 2022). **Requisito: Título Universitario de Grado o diplomatura equivalente.**

– Profesores/as del Conservatorio de Música del Ayuntamiento de Altea (Boletín Oficial Provincia de Alicante de 16 de junio de 2022). **Requisito: Estar en posesión del título universitario oficial de grado o diplomado universitario o equivalente en la especialidad correspondiente de música a la que se opta.**

Profesor/a de la Escuela de Música del Ayuntamiento de Alcañiz (Boletín Oficial Provincia de Teruel de 8 de julio de 2022).

– Oficial Reservista Voluntario de las Fuerzas Armadas-Director de Coro (BOE de 27 de septiembre de 2022).

– Profesor/a de la Banda de Música del Ayuntamiento de Fiñana (Boletín Oficial Provincia de Almería de 17 de noviembre de 2022).

Profesor/a de Música del Ayuntamiento de Uncastillo (Boletín Oficial Provincia de Zaragoza de 23 de noviembre de 2022).

– Profesores/as de la Escuela Municipal de Música del Ayuntamiento de Ciudad Rodrigo (Boletín Oficial Provincia de Salamanca de 24 de noviembre de 2022). **Requisito: Titulación oficial de nivel universitario de grado, licenciatura o diplomatura de música, títulos de enseñanzas musicales correspondientes a planes de estudios de 1942 y/o 1966 y/o titulación equivalente a efectos de docencia.**

– Profesores/as de Música del Ayuntamiento de Aranda de Duero (Boletín Oficial Provincia de Burgos de 29 de noviembre de 2022). **Requisito: Título de Grado Universitario o Diplomatura Universitaria en Música o similares.**

– Profesor/a de la Banda de Música del Ayuntamiento de Albacete (Boletín Oficial Provincia de Albacete de 16 de diciembre de 2022).

– Profesores/as de la Escuela Municipal de Música del Ayuntamiento de Villalba del Alcor (Boletín Oficial Provincia de Huelva de 16 de diciembre de 2022).

– Profesores/as de Música del Ayuntamiento de Zaragoza (Boletín Oficial Provincia de Zaragoza de 20 de diciembre de 2022). **Requisito: En la convocatoria haca referencia a la equivalencia.**

– Profesor/a de Música del Ayuntamiento de El Cuervo de Sevilla (Boletín Oficial Provincia de Sevilla de 21 de diciembre de 2022).

– Profesores/as de Música del Ayuntamiento de Castellbisbal (Boletín Oficial Provincia de Barcelona de 22 de diciembre de 2022).

– Profesor/a de la Escuela de Música del Ayuntamiento de Jerez de los Caballeros (Boletín Oficial Provincia de Badajoz de 28 de diciembre de 2022).

– Profesores/as de Música del Ayuntamiento de Alpedrete (Boletín Oficial Comunidad de Madrid de 28 de diciembre de 2022). **Grado o Diplomatura Universitaria, Título de Grado Medio Plan 66 o equivalente.**

– Monitor/a-Coordinador/a, de la Escuela de Música del Ayuntamiento de Bolaños de Calatrava (Boletín Oficial Provincia de Ciudad Real de 30 de diciembre de 2022). **Requisito: Diplomatura vinculada a la enseñanza musical.**

– Profesores/as de Música del Ayuntamiento de Pedreguer (Boletín Oficial Provincia de Alicante de 25 de enero de 2023).

Profesor/a de la Escuela de Música del Ayuntamiento de Cacabelos (Boletín Oficial Provincia de León de 2 de marzo de 2023).

– Profesores/as de la Escuela Municipal de Música del Ayuntamiento de Peñaranda de Bracamonte (Boletín Oficial Provincia de Salamanca de 20 de marzo de 2023).

– Profesores/as de la Escuela de Música del Ayuntamiento de Mota del Cuervo (Boletín Oficial Provincia de Cuenca de 22 de mayo de 2023).

– Profesores/as de la Escuela de Música del Ayuntamiento de Olmedo (Boletín Oficial Provincia de Valladolid de 13 de febrero de 2024).

Acceso a puestos de trabajo relacionados con la Cultura con la equivalencia al Título de Diplomado Universitario (selección):

– Programador/a Cultural del Ayuntamiento de Albacete (Boletín Oficial Provincia de Albacete de 26 de febrero de 2018).

– Técnico/a de Actividades Culturales del Ayuntamiento de Santander (Boletín Oficial de Cantabria de 16 de abril de 2019).

– Gestor/a de Juventud para la Ciudad de Ceuta (Boletín Oficial de la Ciudad de Ceuta de 6 de noviembre de 2020).

– Gestor/a de Actividades Culturales de la Universidad de Cantabria (BOE de 25 de septiembre de 2021).

– Jefatura del Servicio de Cultura y Deporte de la Diputación Provincial de Cáceres (Boletín Oficial de la Provincia de Cáceres de 30 de marzo de 2022).

– Guía Cultural de la Diputación de Sevilla (Boletín Oficial Provincia de Sevilla de 20 de abril de 2022).

– Coordinador/a Actividades Culturales de la Diputación de Sevilla (Boletín Oficial Provincia de Sevilla de 20 de abril de 2022).

– Auxiliar de Enseñanza de la Diputación de Sevilla (Boletín Oficial Provincia de Sevilla de 20 de abril de 2022).

– Técnico/a Medio de Cultura de la Diputación de Córdoba (Boletín Oficial Provincia de Córdoba de 22 de abril de 2022).

– Técnico/a de Juventud, Infancia, Participación Ciudadana y Educación del Ayuntamiento de Montilla (Boletín Oficial Provincia de Córdoba de 25 de abril de 2022). **Requisito: Título de Diplomado, Grado o Licenciatura.**

– Técnico/a de Cultura del Ayuntamiento de Bollullos de la Mitación (Boletín Oficial Provincia de Sevilla de 19 de octubre de 2022).

– Jefatura de Sección de Cultura de la Diputación de Cáceres (Boletín Oficial Provincia de Cáceres de 26 de octubre de 2022).

– Técnico/a Medio de Cultura del Ayuntamiento de Alaquás (Boletín Oficial Provincia de Valencia de 26 de diciembre de 2022).

– Técnico/a de Cultura del Ayuntamiento de Castellbisbal (Boletín Oficial Provincia de Barcelona de 22 de diciembre de 2022).

– Coordinador/a de Cultura del Ayuntamiento de Fraga (Boletín Oficial Provincia de Huesca de 29 de diciembre de 2022).

– Jefe/a Sección Cultura y Turismo del Ayuntamiento de Moixent (Boletín Oficial Provincia de Valencia de 30 de diciembre de 2022).

– Coordinador/a de Juventud del Ayuntamiento de Barbate (Boletín Oficial Provincia de Cádiz de 4 de enero de 2023).

– Coordinador/a de la Casa de la Cultura del Ayuntamiento de Monesterio (Boletín Oficial Provincia de Badajoz de 20 de enero de 2023).

– Gestor/a Cultural del Ayuntamiento de Barcarrota (Boletín Oficial Provincia de Badajoz de 20 de enero de 2023).

Técnico/a de Cultura de la Diputación Provincial da Coruña (Boletín Oficial Provincia de A Coruña de 12 de mayo de 2023).

– Técnico/a de Actividades Culturales y Juveniles del Ayuntamiento de Villablino (Boletín Oficial Provincia de León de 17 de mayo de 2023). **Requisito: En la convocatoria hace referencia a la equivalencia.**

– Técnico/a Medio-Gestor/a y Coordinador/a de Actividades Culturales del Ayuntamiento de Saldaña (Boletín Oficial Provincia de Palencia de 23 de diciembre de 2022).

Acceso a otros puestos de trabajo de las Administraciones Públicas con la equivalencia al Título de Diplomado Universitario (selección):

– Cuerpo de Ingenieros Técnicos de Arsenales de la Armada (BOE de 4 de febrero de 2019).

– Cuerpo Técnico de Auditoría y Contabilidad del Ministerio de Hacienda (BOE de 5 de febrero de 2019).

– Técnicos/as de Empleo del Servicio de Empleo de la Comunidad Autónoma de Canarias (Boletín Oficial de Canarias de 26 de abril de 20219).

– Educador/a de la Diputación de Sevilla (Boletín Oficial Provincia de Sevilla de 21 de agosto de 2019).

– Escala de Gestión de la Universidad de Oviedo (BOE de 16 de enero de 2020).

– Ayudante de Archivos y Bibliotecas del Ayuntamiento de Madrid (BOE de 10 de febrero de 2020).

– Técnico/a de Gestión del Ayuntamiento de Madrid (Boletín Oficial del Ayuntamiento de Madrid de 12 de febrero de 2020).

– Titulado Medio en el Consorcio Casa África-Ministerio de Asuntos Exteriores (BOE de 19 de noviembre de 2020).

– Personal laboral, Grupo II, Nivel B de la Universidad Nacional de Educación a Distancia (BOE de 24 de mayo de 2021).

– Escala de Técnicos Ayudantes de Servicio de la Universidad de Extremadura (BOE de 21 de junio de 2021).

– Cuerpo de Ayudantes de Archivos, Bibliotecas y Archivos (BOE de 23 de junio de 2021).

– Cuerpo Especial de Instituciones Penitenciarias (BOE de 24 de junio de 2021).

– Cuerpo de Gestión Procesal y Administrativa de la Administración de Justicia (BOE de 30 de marzo de 2022).

– Agente de Desarrollo Local del Ayuntamiento de Alcañiz (Boletín Oficial Provincia de Teruel de 8 de julio de 2022).

– Cuerpo Ejecutivo del Servicio de Vigilancia Aduanera-Especialidad Investigación (BOE de 14 de julio de 2022).

– Cuerpo de Diplomados en Estadística del Estado (BOE de 3 de octubre de 2022).

– Cuerpo de Diplomados en Meteorología del Estado (BOE de 30 de diciembre de 2022).

– Cuerpo Técnico de Hacienda (BOE de 8 de enero de 2024). **Se considerará equivalente al título de Diplomado Universitario el haber superado tres cursos completos de Licenciatura, conforme a lo dispuesto en la disposición adicional primera del Real Decreto 1272/2003, de 10 de octubre.**

– Escala de Gestión de Organismos Autónomos (BOE de 17 de enero de 2023).

– Cuerpo Técnico-Administrativo de las Cortes Generales (BOE de 18 de enero de 2023).

– Cuerpo de Gestión Administración Civil del Estado (BOE de 27 de enero de 2023).

– Inspector/a de la Policía Local del Ayuntamiento de Antequera (Boletín Oficial Provincia de Málaga de 13 de marzo de 2023).

– Cuerpo Técnico de Gestión Catastral (BOE de 19 de febrero de 2024).

– Cuerpo de Diplomados Comerciales del Estado (BOE de 1 de abril de 2024).

– Cuerpo de Ingenieros Técnicos del SOIVRE (BOE de 6 de mayo de 2024).

– Cuerpo de Gestión de la Administración de la Seguridad Social, especialidad Auditoría y Contabilidad (BOE de 24 de mayo de 2024).

Título de Bachiller (académico)
Equivalencia al Título de Bachiller a efectos profesionales

Ejemplo de acceso a puesto trabajo
con Equivalencia al Título de Bachiller

Escala de Ayudantes de Investigación
de los Organismos Públicos de Investigación
Requisitos generales de los aspirantes

4.1. Titulación: Estar en posesión, o en condiciones de obtener en el día de finalización del plazo de presentación de solicitudes, del título de Bachiller o Técnico. **Así mismo se estará a lo establecido en la Orden EDU/1603/2009, de 10 de junio, por la que se establecen equivalencias con los títulos de Graduado en Educación Secundaria Obligatoria y de Bachiller regulados en la Ley Orgánica 2/2006, de 3 de mayo, de Educación** (BOE de 1 de marzo de 2022)

Acceso a puestos de trabajo relacionados
con la Música (selección)

Directores/as de Coro y Bandas de Música
– Director/a de la Banda de Música del Ayuntamiento de Arjonilla (Boletín Oficial Provincia de Jaén de 28 de octubre de 2022).

– Director de la Banda Municipal de Villanueva de la Serena (Boletín Oficial Provincia de Badajoz de 21 de diciembre de 2022).

– Director/a del Coro Universitario de la Universidad de Oviedo (BOE de 26 de diciembre de 2022).

– Responsable de la Banda de Música (Coordinador) del Ayuntamiento de Ubrique (Boletín Oficial Provincia de Cádiz de 28 de diciembre de 2022).

– Director/a de la Banda de Música «Universidad Popular» del Ayuntamiento de Cabeza del Buey (Boletín Oficial Provincia de Badajoz de 30 de diciembre de 2022). Bachiller + Título Profesional.

– Director/a de la Banda de Música del Ayuntamiento de Arroyo de San Serván (Boletín Oficial Provincia de Badajoz de 20 de enero de 2023).

Profesores/as de Bandas de Música

– Profesores/as de la Banda Municipal de Música de las Palmas de Gran Canaria (Boletín Oficial de la Provincia de Las Palmas de 5 de mayo de 2017). Título de Bachiller, Formación Profesional de 2º grado o equivalente + Título Profesional.

– Profesor/a Especialista de la Banda de Música del Ayuntamiento de Palencia (promoción interna) (Boletín Oficial de Castilla y León de 15 de marzo de 2018).

– Profesores/as de la Banda Municipal de Música del Ayuntamiento de Badajoz (Boletín Oficial Provincia de Badajoz de 22 de octubre de 2018). Título Profesional + Título de Bachiller o Técnico.

– Solistas de la Banda de Música de la Diputación de Guadalajara (Boletín Oficial Provincia de Guadalajara de 28 de octubre de 2022).

– Profesores/as de la Banda Municipal de Música del Ayuntamiento de Jaén (Boletín Oficial Provincia de Jaén de 22 de noviembre de 2022).

– Monitor/a de la Banda de Música del Ayuntamiento de Campanario (Boletín Oficial Provincia de Badajoz de 23 de diciembre de 2022).

– Músico/a de la Banda de Música del Ayuntamiento de Jerez de la Frontera (Boletín Oficial Provincia de Cádiz de 29 de diciembre de 2022).

– Monitores de Música del Ayuntamiento de Barbate (Boletín Oficial Provincia de Cádiz de 4 de enero de 2023).

Directores/as de Escuelas de Música

– Director/a de la Escuela de Música del Ayuntamiento de Cudillero (Boletín Oficial Principado de Asturias de 21 de diciembre de 2022).

– Director/a de la Escuela Municipal de Música del Ayuntamiento de Villanueva del Rosario (Boletín Oficial Provincia de Málaga de 14 de diciembre de 2022).

– Coordinador/a del Aula de Música del Ayuntamiento de Gibraleón (Boletín Oficial Provincia de Huelva de 22 de noviembre de 2022).

– Coordinador/a de la Escuela de Música del Ayuntamiento de Coaña (Boletín Oficial Principado de Asturias de 27 de diciembre de 2022).

Profesores/as-Monitores/as de Escuelas de Música

– Profesor/a de Música Moderna del Ayuntamiento de Zaragoza (Boletín Oficial Provincia de Zaragoza de 5 de julio de 2022).

– Monitor/a de Música del Ayuntamiento del Ayuntamiento de Algatocín (Boletín Oficial Provincia de Málaga de 10 de noviembre de 2022).

– Profesor/a de Música del Ayuntamiento de San Bartolomé de la Torre (Boletín Oficial Provincia de Huelva de 22 de noviembre de 2022).

– Profesores/as de la Escuela Municipal de Música del Ayuntamiento de Aínsa-Sobrarbe (Boletín Oficial Provincia de Huesca de 30 de noviembre de 2022).

– Monitor/a de Piano-Formación Musical del Ayuntamiento de Lucena (Boletín Oficial Provincia de Córdoba de 12 de diciembre de 2022).

– Profesores/as de Música del Ayuntamiento de Urnieta (Boletín Oficial Provincia de Gipuzkoa de 14 de diciembre de 2022).

– Profesor/a de la Escuela de Música del Ayuntamiento de Cangas de Onís (Boletín Oficial Principado de Asturias de 19 de diciembre de 2022).

– Monitor/a del Aula de Música del Ayuntamiento de Fuenteheridos (Boletín Oficial Provincia de Huelva de 22 de diciembre de 2022).

– Profesores/as de la Escuela de Música del Ayuntamiento de Coaña (Boletín Oficial Principado de Asturias de 27 de diciembre de 2022).

– Profesores/as de la Escuela de Música del Ayuntamiento de Jerez de los Caballeros (Boletín Oficial Provincia de Badajoz de 28 de diciembre de 2022).

– Monitor/a de Música del Ayuntamiento de Villarrasa (Boletín Oficial Provincia de Huelva de 30 de diciembre de 2022).

– Monitor/a de Música del Ayuntamiento de Pedreguer (Boletín Oficial Provincia de Alicante de 25 de enero de 2023).

– Profesores/as de Música del Ayuntamiento de Villablino (Boletín Oficial Provincia de León de 17 de mayo de 2023).

– Profesores/as de Música del Ayuntamiento de Valencia de Alcántara (Boletín Oficial Provincia de Cáceres de 28 de junio de 2023).

– Maestro/a de la Escuela de Música del Ayuntamiento de Liétor (Boletín Oficial Provincia de Albacete de 11 de marzo de 2024).

– Profesor/a de Música del Ayuntamiento de Mocejón (Boletín Oficial Provincia de Toledo de 18 de marzo de 2024).

Acceso a puestos de trabajo relacionados
con la Cultura (selección)

– Escala Técnica de Especialistas (subescala Actividades Culturales) de la Universidad de A Coruña (BOE de 12 de marzo de 2020. **Estar en posesión de la titulación exigida para el subgrupo C1. Título de Bachiller o Técnico.**

– Técnico/a Auxiliar de Actividades Culturales del Ayuntamiento de Beniel (Boletín Oficial de la Región de Murcia de 29 de marzo de 2022).

– Monitores/as de Cultura de la Diputación de Málaga (Boletín Oficial Provincia de Málaga de 29 de julio de 2022).

– Técnico/a de Cultura del Ayuntamiento de Cádiz (Boletín Oficial Provincia de Cádiz de 7 de septiembre de 2022).

– Coordinador/a de Cultura del Ayuntamiento de Tauste (Boletín Oficial Provincia de Zaragoza de 11 de noviembre de 2022).

– Coordinador/a de Servicios Culturales del Ayuntamiento de Aranda de Duero (Boletín Oficial Provincia de Burgos de 29 de noviembre de 2022).

– Monitor/a de Cultura del Ayuntamiento de Aznalcázar (Boletín Oficial Provincia de Sevilla de 30 de noviembre de 2022).

– Programador/a Cultural del Ayuntamiento de Consuegra (Boletín Oficial Provincia de Toledo de 30 de diciembre de 2022).

– Gestor/a Cultural del Ayuntamiento de Fuenlabrada de los Montes (Boletín Oficial Provincia de Badajoz de 13 de enero de 2023).

– Técnico/a Cultural del Ayuntamiento de Manzanares (Boletín Oficial Provincia de Ciudad Real de 13 de febrero de 2023).

– Técnico Gestón Cultura del Ayuntamiento de Alcalá de los Gazules (Boletín Oficial Provincia de Cádiz de 11 de mayo de 2023).

– Técnico/a Ayudante de Cultura del Ayuntamiento de Las Rozas de Madrid (Boletín Oficial Comunidad de Madrid de 29 de noviembre de 2023).

– Técnico/a de Cultura del Ayuntamiento de Zahara (Boletín Oficial Provincia de Cádiz de 23 de diciembre de 2023).

– Coordinador/a Universidad Popular del Ayuntamiento de Los Santos de Maimona (Boletín Oficial Provincia de Badajoz de 1 de marzo de 2024).

Acceso a diversos puestos de trabajo de las Administraciones Públicas (selección)

– Técnico/a Superior de Gestión y Servicios Comunes del Ministerio de Defensa y sus Organismos Autónomos. Pág. 8142 (BOE de 30 de enero de 2019).

– Técnicos/as Auxiliares. Escala de Auxiliares de Archivos, Bibliotecas y Museos... de la Comunidad de Madrid (Boletín Oficial de la Comunidad de Madrid de 24 de abril de 2019).

– Cuerpo de Agentes del Servicio de Vigilancia Aduanera (BOE de 11 de junio de 2019). **Título de Bachiller o Técnico. La convocatoria hace referencia a las Órdenes de Equivalencia.**

– Educador/a del Ayuntamiento de Cartagena (Boletín Oficial de la Región de Murcia de 24 de junio de 2019).

– Cuerpo de Ayudantes de Instituciones Penitenciarias (BOE de 14 de octubre de 2019). **La convocatoria hace referencia a las Órdenes de Equivalencia.**

– Cuerpo General Administrativo de la Administración del Estado, especialidad de Agentes de la Hacienda Pública (BOE de 16 de diciembre de 2019). **Título de Bachiller o Técnico. La convocatoria hace referencia a las Órdenes de Equivalencia.**

– Escala Administrativa, Universidad Rey Juan Carlos (BOE de 10 de febrero de 2020). **La convocatoria hace referencia a las Órdenes de Equivalencia.**

– Administrativos/as del Ayuntamiento de Sevilla (Boletín Oficial de la Provincia de Sevilla de 29 de enero de 2021).

– Técnico/a auxiliar del Gabinete Didáctico del Ayuntamiento de Pontevedra (Boletín Oficial de la Provincia de Pontevedra de 4 de enero de 2021).

– Profesor/a de Formación Vial, acceso para la obtención del certificado de aptitud (BOE de 5 de enero de 2021).

– Escala Básica, categoría de Policía, de la Policía Nacional (BOE de 7 de septiembre de 2023).

– Cuerpo Administrativo de la Administración de la Seguridad Social (BOE de 31 de diciembre de 2022). **La convocatoria hace referencia a las Órdenes de Equivalencia.**

– Cuerpo General Administrativo de la Administración del Estado, especialidad de Tráfico (examinador de Tráfico) (BOE de 5 de julio de 2023). **Título de Bachiller o Técnico. La convocatoria hace referencia a las Órdenes de Equivalencia.**

Título de Máster Oficial Universitario

El Máster en Formación del Profesorado en Educación Secundaría Obligatoria, Formación Profesional y Enseñanza de Idiomas como requisito para acceder en régimen de interinidad y como funcionario de carrera al Cuerpo de Profesores de Secundaria (Música).

Convocatorias acceso en régimen de interinidad al Cuerpo de Profesores de Enseñanza Secundaria Música (selección):

COMUNIDAD AUTÓNOMA DE ASTURIAS

Resolución de 22 de mayo de 2017, de la Consejería de Educación y Cultura, por la que se establecen las titulaciones necesarias para el desempeño de puestos en régimen de interinidad (Boletín Oficial del Principado de Asturias de 12 de junio de 2017).

CIUDADES AUTÓNOMAS DE CEUTA Y MELILLA (MEC)

Orden EFP/529/2023, de 26 de mayo, por la que se modifica la Orden ECD/697/2017, de 24 de julio, por la que se regula la formación de listas de aspirantes a desempeñar en régimen de interinidad plazas de los cuerpos docentes contemplados en la Ley Orgánica 2/2006, de 3 de mayo, de Educación, en las ciudades de Ceuta y Melilla (BOE de 30 de mayo de 2023-núm. 128).

COMUNIDAD AUTÓNOMA DE CANTABRIA

Orden ECD/16/2018, de 1 de marzo, de la Consejería de Educación, Cultura y Deporte de la Comunidad Autónoma de Cantabria (Boletín Oficial Cantabria de 9 de marzo de 2018-núm. 49).

COMUNIDAD AUTÓNOMA DE GALICIA

Orden de 20 de noviembre de 2019, de la Consellería de Educación, Universidad y Formación Profesional (Diario Oficial de Galicia de 11 de diciembre de 2019-núm. 235).

COMUNIDAD DE MADRID

Resolución de 19 de mayo de 2023, de la Dirección General de Recursos Humanos de la Consejería de Educación e Investigación (Boletín Oficial de la Comunidad de Madrid de 25 de mayo de 2023-núm. 123).

COMUNIDAD AUTÓNOMA DE LA RIOJA

Orden EDC/33/2021, de 17 de junio, de la Consejería de Educación, Cultura, Deporte y Juventud (Boletín Oficial de La Rioja de 18 de junio de 2021-núm. 118).

COMUNIDAD AUTÓNOMA CASTILLA-LA MANCHA

Orden 32/2018, de 22 de febrero, de la Consejería de Educación, Cultura y Deportes (Diario Oficial de Castilla-La Mancha de 28 de febrero de 2018-núm. 42).

COMUNIDAD AUTÓNOMA REGIÓN DE MURCIA

Orden de 29 de mayo de 2020 (procedimiento extraordinario), de la Consejería de Educación y Cultura (Boletín Oficial de la Región de Murcia de 13 de junio de 2020-núm. 135).

COMUNIDAD AUTÓNOMA DE EXTREMADURA

Resolución de 4 de diciembre de 2023, de la Dirección General de Personal Docente, por la que se actualizan las titulaciones que habilitan para el desempeño de puestos en régimen de interinidad en plazas de los Cuerpos docentes no universitarios de la Comunidad Autónoma de Extremadura (Diario Oficial de Extremadura de 18 de diciembre de 2023-núm. 240).

COMUNIDAD FORAL DE NAVARRA

Orden Foral 51/2018, de 7 de junio, de la Consejera de Educación (Boletín Oficial de Navarra de 19 de junio de 2018-núm. 117).

Convocatorias de acceso como funcionario de carrera al Cuerpo de Profesores de Enseñanza Secundaria:

Selección de convocatorias de comunidades autónomas:

Convocatoria procesos selectivos del Cuerpo de Profesores de Enseñanza Secundaria de la Comunidad Autónoma de Canarias (Boletín Oficial de Canarias de 29 de marzo de 2021).

Convocatoria procesos selectivos del Cuerpo de Profesores de Enseñanza Secundaria de la Comunidad Autónoma Islas Baleares (Boletín Oficial de las Islas Baleares de 25 de febrero de 2020).

Convocatoria procesos selectivos del Cuerpo de Profesores de Enseñanza Secundaria del País Vasco (Boletín Oficial del País Vasco de 27 de febrero de 2020).

Convocatoria procesos selectivos del Cuerpo de Profesores de Enseñanza Secundaria de la Comunidad de Madrid (Boletín Oficial de la Comunidad de Madrid de 8 de febrero de 2022).

Convocatoria procesos selectivos del Cuerpo de Profesores de Enseñanza Secundaria de la Comunidad Autónoma de La Rioja (Boletín Oficial de La Rioja de 9 de marzo de 2023).

Convocatoria procesos selectivos del Cuerpo de Profesores de Enseñanza Secundaria de la Comunidad Autónoma de Andalucía (Boletín Oficial de la Junta de Andalucía de 10 de marzo de 2023).

Convocatoria procesos selectivos del Cuerpo de Profesores de Enseñanza Secundaria de la Comunidad Autónoma de Cantabria (Boletín Oficial de Cantabria de 29 de marzo de 2023).

EL MÁSTER OFICIAL UNIVERSITARIO Y EL MÁSTER EN ENSEÑANZAS ARTÍSTICAS de los Centros Superiores de Enseñanzas Artísticas, como requisito complementario para el acceso en régimen de interinidad al Cuerpo de Catedráticos de Música y Artes Escénicas y para las modalidades de Acceso e Ingreso como funcionario de carrera al citado Cuerpo

Selección de convocatorias de comunidades auntónomas:
Convocatoria procesos selectivos del Cuerpo de Catedráticos de Música y Artes Escénicas de la Comunidad de Madrid (Boletín Oficial de la Comunidad de Madrid de 4 de octubre 2018). Modalidad: ACCESO.

Convocatoria procesos selectivos del Cuerpo de Catedráticos de Música y Artes Escénicas de la Comunidad Autónoma de Aragón (Boletín Oficial de Aragón de 18 de diciembre de 2019). Modalidad: ACCESO.

Convocatoria procesos selectivos del Cuerpo de Catedráticos de Música y Artes Escénicas de la Comunidad Autónoma de Castilla y León (Boletín Oficial de Castilla y León de 25 de abril de 2019). Modalidad: INGRESO.

Convocatoria procesos selectivos del Cuerpo de Catedráticos de Música y Artes Escénicas de la Comunidad Autónoma de Andalucía (Boletín Oficial de la Junta de Andalucía de 10 de diciembre de 2020). Modalidad: INGRESO.

Convocatoria procesos selectivos del Cuerpo de Catedráticos de Música y Artes Escénicas de la Comunidad Valenciana (Diari Oficial Generalitat Valenciana de 29 de diciembre de 2022). Modalidad: INGRESO.

Mas información de interés:
REAL DECRETO 276/2007, de 23 de febrero, por el que se aprueba el Reglamento de ingreso, accesos y adquisición de nuevas especialidades en los cuerpos docentes a que se refiere la

Ley Orgánica 2/2006, de 3 de mayo, de Educación, y se regula el régimen transitorio de ingreso a que se refiere la disposición transitoria decimoséptima de la citada ley.

(BOE de 2 de marzo de 2007).

REAL DECRETO 1614/2009, de 26 de octubre, por el que se establece la ordenación de las enseñanzas artísticas superiores reguladas por la Ley Orgánica 2/2006, de 3 de mayo, de Educación, contempla en su artículo 13 el procedimiento de homologación de los planes de estudios del título de Máster de las enseñanzas artísticas superiores.

(BOE de 27 de octubre de 2009).

Nota: El personal que participe en el procedimiento de acceso a las bolsas de interinidades del Cuerpo de Catedráticos de Música y Artes Escénicas deberá estar en posesión de la formación y capacidad de tutela en las investigaciones propias de las enseñanzas artísticas a que se refiere el artículo 17 del Real Decreto 276/2007, de 23 de febrero.

Aunque los Máster citados no están considerados como habilitantes, en las convocatorias de acceso al Cuerpo de Catedráticos de Música y Artes Escénicas, en los procesos selectivos de las distintas Administraciones Educativas, los consideran válido para el requisito de formación y capacidad de tutela en las investigaciones propias de las enseñanzas artísticas a que se refiere el artículo 17 del Real Decreto 276/2007, de 23 de febrero.

Título Universitario Oficial de Doctor/a

El Título de Doctor/a, como requisito para el acceso a los Cuerpos de Catedráticos/as y Cuerpo de Profesores/as Titulares de Universidad

Cuerpo de Catedráticos de Universidad

Convocatoria Catedrático/a de Universidad. Universidad de Oviedo (Boletín Oficial del Principado de Asturias de 17 de agosto de 2017).

Convocatoria Catedrático/a de Universidad, Universidad Complutense de Madrid (BOE de 21 de junio de 2019).

Convocatoria Catedrático/a Universidad, Universidad de Jaén (BOE de 29 de junio de 2021).

Convocatoria Catedrático/a de Universidad, Universidad de Castilla-La Mancha (BOE de 22 de septiembre de 2022).

Convocatoria Catedrático/a de Universidad, Universidad de La Rioja (BOE de 28 de octubre de 2022).

Convocatoria Catedrático/a de Universidad, Universidad de Granada (BOE de 11 de diciembre de 2023).

Cuerpo de Profesores Titulares de Universidad

Convocatoria Profesor/a Titular de Universidad, Universidad de Valladolid (BOE de 9 de noviembre de 2001).

Convocatoria Profesor/a Titular de Universidad, Universidad de Salamanca (BOE de 2 de septiembre de 2022).

Convocatoria Profesor/a Titular de Universidad, Universidad de La Rioja (BOE de 22 de mayo de 2023)

Convocatoria Profesor/a Titular de Universidad, Universidad Complutense de Madrid (BOE de 23 de octubre de 2023).

Convocatoria Profesor/a Titular de Universidad, Universidad de Córdoba (BOE de 13 de noviembre de 2023).

Convocatoria Profesor/a Titular de Universidad, Universidad de Salamanca (BOE de 16 de noviembre de 2023).

INFORMACIÓN ACERCA DE JURISPRUDENCIA
SOBRE LAS TITULACIONES MUSICALES

En la web del Consejo General del Poder Judicial (buscador de jurisprudencia), los interesados podrán consultar las sentencias y otras resoluciones de los Tribunales respecto a las titulaciones musicales: www.poderjudicial.es

DIRECCIONES PARA CONSULTAR
OFERTAS DE TRABAJO

www.administracion.gob.es
www.boe.es
www.buscaoposiciones.com
www.canaloposiciones.com
www.empleate.gob.es
www.empleoparamusicos.com
www.empleopublico.eu
www.es.indeed.com
www.inap.es
www.infoempleo.com
www.marcaempleo.es
www.opobusca.com
www.oposiciones.es
www.oposicionesyconcursos.es
www.policia.es
www.portalparados.es
www.portalparados.es/oposiciones/
www.reclutamiento.defensa.gob.es
www.reclutamiento.defensa.gob.es/proceso-acceso

Nota: También es interesante consultar las webs de las Consejerías de Educación de las distintas Comunidades Autónomas y de los Sindicatos de Enseñanza, donde habitualmente se publican las convocatorias de oposiciones y bolsas de interinidades.

REFERENCIAS LEGISLATIVAS

REAL DECRETO de 25 de agosto de 1917 (Gaceta de Madrid de 30 de agosto de 1917).

DECRETO de 15 de junio de 1942, sobre organización de los Conservatorios de Música y Declamación (BOE de 4 de julio de 1942).

DECRETO 2618/1966, de 10 de septiembre. Reglamentación General de Conservatorios de Música (BOE de 24 de octubre de 1966).

DECRETO 313/1970, de 29 de enero, por el que se crea una Escuela Superior de Canto en Madrid (BOE de 16 de febrero de 1970).

LEY 14/1970, de 4 de agosto, General de Educación y Financiamiento de la Reforma Educativa (BOE de 6 de agosto de 1970).

ORDEN de 23 de octubre de 1970, por la que se aprueba provisionalmente el Reglamento de la Escuela Superior de Canto de Madrid (BOE de 12 de diciembre de 1970).

DECRETO 2607/1974, de 9 de agosto, por el que se establece el plan de estudios de la Real Escuela de Arte Dramático y Danza de Madrid, en la sección de Arte Dramático (BOE de 16 de septiembre de 1974).

REAL DECRETO 1194/1982, de 28 de mayo, por el que se equiparan para determinados títulos expedidos por los Conservatorios de Música (BOE de 14 de junio de 1982).

REAL DECRETO 1564/1982, de 18 de junio, por el que se regulan las condiciones para la obtención, expedición y homologación de los títulos académicos y profesionales no universitarios (BOE de 17 de julio de 1982).

LEY 30/1984, de 2 de agosto, de Medidas para la Reforma de la Función Pública (BOE de 30 de agosto de 1984).

ORDEN de 2 de abril de 1986, por la que se regula el procedimiento de expedición y se aprueban los modelos y los títulos y diplomas correspondientes a estudios cursados en Centros de Enseñanzas Artísticas (BOE de 12 de abril de 1986).

REAL DECRETO 1073/1987, de 28 de agosto, por el que se modifica el Decreto 2618/1966, de 10 de septiembre, sobre Reglamentación General de Conservatorios de Música (BOE de 5 de septiembre de 1987).

REAL DECRETO 1104/1990 de 7 de septiembre, sobre expedición de diplomas y títulos correspondientes a los estudios realizados en los Conservatorios de Música. Modificación del Reglamento de 1966 (BOE de 11 de septiembre de 1990).

LEY ORGÁNICA 1/1990 de 3 de octubre, de Ordenación General del Sistema Educativo LOGSE (BOE de 4 de octubre de 1990).

REAL DECRETO 1700/1991 de 29 de noviembre, por el que se establece la estructura del Bachillerato (BOE de 2 de diciembre de 1991).

REAL DECRETO 1178/1992 de 20 de octubre, por el que se establecen las enseñanzas mínimas de Bachillerato (BOE de 21 de octubre de 1992).

REAL DECRETO 1542/1994, de 8 de julio, por el que se establecen las equivalencias entre los títulos de música anteriores a la Ley Orgánica 1/1990 de 3 de octubre de Ordenación General del Sistema Educativo (BOE de 9 de agosto de 1994).

REAL DECRETO 3/1995, de 13 de enero, por el que se da cumplimiento a lo dispuesto en el acuerdo entre el Estado español y la Santa Sede sobre enseñanza y asuntos culturales en materia de estudios y titulaciones de Ciencias Eclesiásticas de nivel universitario (BOE de 4 de febrero de 1995).

REAL DECRETO 617/1995 de 21 de abril, por el que se establecen los aspectos básicos del currículo de Grado Superior de las enseñanzas de Música y se regula la prueba de acceso a estos estudios (BOE de de 6 de junio de 1995).

REAL DECRETO 778/1998, de 30 de abril, por el que se regula el tercer ciclo de estudios universitarios, la obtención y expedición del título de Doctor y otros estudios de postgrado (BOE de 1 de mayo de 1998).

REAL DECRETO 321/2000, de 3 de marzo, por el que se modifica el Real Decreto 1692/1995, de 20 de octubre, que regula el título profesional de Especialización Didáctica (BOE de 4 de marzo de 2000).

REAL DECRETO 1120/2000, de 16 de junio, por el que se establecen las equivalencias entre los Diplomas acreditativos de los estudios realizados en la Escuela Superior de Canto de Madrid y los títulos establecidos en la ley Orgánica 1/190, de 3 de octubre, de Ordenación General del Sistema Educativo (BOE de 5 de julio de 2000).

REAL DECRETO 706/2002, de 19 de julio, por el que se regulan determinadas incorporaciones al grado superior de las enseñanzas de música, de canto y de danza de los planes de estudios que se extinguen con los correspondientes a la nueva ordenación del sistema educativo (BOE de 7 de agosto de 2002).

LEY ORGÁNICA 10/2002, de 23 de diciembre, de Calidad de la Educación (BOE de 24 de diciembre de 2002).

REAL DECRETO 1044/2003, de 1 de agosto, por el que se establece el procedimiento para la expedición por las universidades del Suplemento Europeo al Título (BOE de 11 de septiembre de 2003).

REAL DECRETO 334/2004, de 27 de febrero, por el que se aprueba el Reglamento de ingreso, accesos y adquisición de nuevas especialidades en los cuerpos docentes que imparten las enseñanzas escolares del sistema educativo y en el Cuerpo de Inspectores de Educación (BOE de 28 de febrero de 2004).

REAL DECRETO 55/2005, de 21 de enero, por el que se establece la estructura de las enseñanzas universitarias y se regulan los estudios universitarios oficiales de Grado (BOE de 25 de enero de 2005).

REAL DECRETO 56/2005, de 21 de enero, por el que se regulan los estudios universitarios oficiales de Posgrado (BOE de 25 de enero 2005).

REAL DECRETO 1258/2005, de 21 de octubre, por el que se modifican el Real Decreto 118/2004, del 23 de enero, por el que se regula el título de Especialización Didáctica, y el Real Decreto 334/2004, de 27 de febrero, por el que se aprueba el Reglamento de ingreso, accesos y adquisición de nuevas especialidades en los cuerpos docentes que imparten las enseñanzas escolares del sistema educativo y en el Cuerpo de Inspectores de Educación (BOE de 8 de noviembre de 2005).

REAL DECRETO 1509/2005, de 16 de diciembre, por el que se modifican el Real Decreto 55/2005, de 21 de enero, por el que se establece la estructura de las enseñanzas universitarias y se regulan los estudios universitarios oficiales de grado y el Real Decreto 56/2005, de 21 de enero, por el que se regulan los estudios universitarios oficiales de Posgrado (BOE de 20 de diciembre 2005).

LEY ORGÁNICA 2/2006, de 3 de mayo, de Educación (BOE de 4 de mayo de 2006).

REAL DECRETO 1577/2006, de 22 de diciembre, por el que se fijan los aspectos básicos del currículo de las enseñanzas profesionales de música reguladas por la Ley Orgánica 2/2006, de 3 de mayo, de Educación (BOE de 20 de enero de 2007).

REAL DECRETO 276/2007, de 23 de febrero, por el que se aprueba el Reglamento de ingreso, accesos y adquisición de nuevas especialidades en los cuerpos docentes a que se refiere la Ley Orgánica 2/2006, de 3 de mayo, de Educación, y se regula el régimen transitorio de ingreso a que se refiere la disposición transitoria decimoséptima de la citada Ley (BOE de 2 de marzo de 2007).

ORDEN ECI/2514/2007, de 13 de agosto, sobre expedición de títulos universitarios oficiales de Máster y Doctor (BOE de 21 de agosto de 2007).

REAL DECRETO 13/2007, de 29 de octubre, por el que se establece la ordenación de las enseñanzas universitarias oficiales (BOE de 30 de octubre de 2007).

REAL DECRETO 1467/2007, de 2 de noviembre, por el que se establece la estructura del bachillerato y se fijan sus enseñanzas mínimas (BOE de 6 de noviembre de 2007).

RESOLUCIÓN de 17 de diciembre de 2007, de la Secretaría de Estado de Universidades e Investigación, por la que se publica el Acuerdo de Consejo de Ministros de 14 de diciembre de 2007, por el que se establecen las condiciones a las que deberán adecuarse los planes de estudios conducentes a la obtención de títulos que habiliten para el ejercicio de las profesiones reguladas de Profesor de Educación Secundaria Obligatoria y Bachillerato, Formación Profesional y Enseñanzas de Idiomas (BOE de 21 de diciembre de 2007).

ORDEN ECI/3858/2007, de 27 de diciembre, por la que se establecen los requisitos para la verificación de los títulos universitarios oficiales que habiliten para el ejercicio de las profesiones de Profesor de Educación Secundaria Obligatoria y Bachillerato, Formación Profesional y Enseñanza de Idiomas (BOE de 29 de diciembre de 2007).

REAL DECRETO 1834/2008, de 8 de noviembre, por el que se definen las condiciones de formación para el ejercicio de la docencia en la educación secundaria, el bachillerato, la formación profesional y las enseñanzas de régimen especial y se establecen las especialidades de los cuerpos docentes de enseñanza secundaria (BOE de 28 de noviembre de 2008).

REAL DECRETO 1892/2008, de 14 de noviembre, por el que se regulan las condiciones de acceso a las enseñanzas universitarias oficiales de grado y los procedimientos de admisión a las universidades públicas españolas (BOE de 24 de noviembre de 2008).

REAL DECRETO 242/2009, de 27 de febrero, por el que se establecen convalidaciones entre las enseñanzas profesionales de Música y Danza y la Educación Secundaria Obligatoria y el Bachillerato, así como los efectos que sobre la materia de Educación física deben tener la condición de deportista de alto nivel o alto rendimiento y las enseñanzas profesionales de Danza (BOE de 28 de febrero de 2009).

ORDEN EDU/1603/2009, de 10 de junio, por la que establecen equivalencias con los títulos de Graduado en Secundaria Obligatoria y de Bachiller regulados en la Ley Orgánica 2/2006, de 3 de mayo, de Educación (BOE de 17 de junio de 2009).

REAL DECRETO 1614/2009, de 26 de octubre, por el que se establece la ordenación de las enseñanzas artísticas superiores reguladas por la Ley Orgánica 2/2006, de 3 de mayo, de Educación (BOE de 27 de octubre de 2009).

REAL DECRETO 132/2010, de 12 de febrero, por el que se establecen los requisitos mínimos de los centros que impartan las enseñanzas del segundo ciclo de la educación infantil, educación primaria y la educación secundaria (BOE de 12 de marzo de 2010).

REAL DECRETO 303/2010, de 15 de marzo, por el que se establecen los requisitos mínimos de los centros que impartan enseñanzas artísticas reguladas en la Ley Orgánica 2/2006, de 3 de mayo, de Educación (BOE de 9 de abril de 2010).

REAL DECRETO 631/2010, de 14 de mayo, por el que se regula el contenido básico de las enseñanzas artísticas superiores de Grado en Música establecidas en la Ley Orgánica 2/2006, de 3 de mayo, de Educación (BOE de 5 de junio de 2010).

REAL DECRETO 632/2010, de 14 de mayo, por el que se regula el contenido básico de las enseñanzas artísticas superiores de Grado en Danza establecidas en la Ley Orgánica 2/2006, de 3 de mayo, de Educación (BOE de de 5 de junio de 2010).

REAL DECRETO 861/2010, de 2 de julio, por el que se modifica el Real Decreto 1393/2007, de 29 de octubre, por el que se establece la ordenación de las enseñanzas universitarias oficiales (BOE de 3 de julio de 2010).

REAL DECRETO 900/2010, de 9 de julio, por el que el título de Profesor de Música, regulado al amparo del Decreto 2618/1966, de 10 de septiembre, y el diploma de Cantante de Ópera, expedido al amparo del Decreto 313/1970, de 29 de enero, se declaran equivalentes a las titulaciones a que se refiere el artículo 96.1 de la Ley Orgánica 2/2006, de 3 de mayo, de Educación, para impartir las enseñanzas elementales y profesionales de música establecidas en dicha Ley (BOE de 13 de julio de 2010).

REAL DECRETO 860/2010, de 2 de julio, por el que se regulan las condiciones de formación inicial del profesorado de los centros privados para ejercer la docencia en las enseñanzas de Educación Secundaria Obligatoria o de Bachillerato (BOE de 17 de julio de 2010).

REAL DECRETO 1002/2010, de 5 de agosto, sobre expedición de títulos universitarios oficiales (BOE de 6 de agosto de 2010).

REAL DECRETO 99/2011, de 28 de enero, por el que se regulan las enseñanzas oficiales de doctorado (BOE de 10 de febrero de 2011).

ORDEN EDU/520/2011, de 7 de marzo, por la que se modifica la Orden EDU/1603/2009, de 10 de junio, por la que se establecen equivalencias con los títulos de Graduado en Educación Secundaria Obligatoria y de Bachiller regulados en la Ley Orgánica 2/2006, de 3 de mayo, de Educación (BOE de 14 de marzo de 2011).

REAL DECRETO 707/2011, de 20 de mayo, por el que se crea la especialidad de de Flamenco en las enseñanzas artísticas superiores de Grado en Música y se regula su contenido básico (BOE de 9 de junio de 2011).

REAL DECRETO 1027/2011, de 15 de julio, por el que se establece el Marco Español de Cualificaciones para la Educación Superior (BOE de 3 de agosto de 2011).

ORDEN EDU/2645/2011, de 23 de septiembre, por la que se establece la formación pedagógica y didáctica exigida para aquellas personas que estando en posesión de una titulación declarada equivalente a efectos de docencia no pueden realizar los estudios de Máster (BOE de 5 de octubre de 2011).

REAL DECRETO 1594/2011, de 4 de noviembre, por la que se establecen las especialidades docentes del Cuerpo de Maestros que desempeñan sus funciones en las etapas de Educación y de Educación Primaria reguladas en la Ley Orgánica 2/2006, de 3 de mayo, de Educación (BOE de 9 de noviembre de 2011).

REAL DECRETO 1618/2011, de 14 de noviembre, sobre reconocimiento de estudios en el ámbito de la Educación Superior (BOE de 16 de diciembre de 2011).

REAL DECRETO 1619/2011, de 14 de noviembre, por el que se establece el nuevo régimen de equivalencias de los estudios y titulaciones de Ciencias Eclesiásticas de nivel universitario respecto de los estudios universitarios oficiales españoles, en cumplimiento de lo dispuesto en el Acuerdo entre el Estado español y la Santa Sede de 3 de enero de 1979 sobre enseñanza y Asuntos Culturales (BOE de 16 de noviembre de 2011).

ORDEN EDU/3498/2011, de 16 de diciembre, por la que se modifica la Orden ECI/3858/2007, de 27 de diciembre, por la que se establecen los requisitos para la verificación de los títulos universitarios oficiales que habiliten para el ejercicio de las profesiones de Profesor de Educación Secundaria Obligatoria y Bachillerato, Formación Profesional y Enseñanzas de Idiomas (BOE de 26 de diciembre de 2011).

SENTENCIA de 5 de junio de 2012, de la Sala Tercera del Tribunal Supremo, por la que se anulan los artículos 7.1, 8, 11, 12 y la Disposición Adicional Séptima del Real Decreto 1614/2009, de 26 de octubre, por el que se estableció la ordenación de las enseñanzas artísticas superiores reguladas por la Ley Orgánica 2/2006, de 3 de mayo, de Educación. E igualmente se anulan las expresiones «de grado» y «graduado o graduada» contenidas en el título, articulado y anexos de los Reales Decretos 630 a 635/2010, de 14 de mayo, por el que se regula el contenido básico de las enseñanzas artísticas superiores de Grado establecidas en la Ley Orgánica 2/2006, de 3 de mayo, de Educación, en Arte Dramático, en Música, en Danza, en Diseño, en Cerámica y Vidrio y en Conservación y Restauración de Bienes Culturales (BOE de 21 de diciembre de 2012).

ORDEN ECD/1058/2013, de 7 de junio, por la que se modifica la Orden EDU/2645/2011, de 23 de septiembre, por la que se establece la formación equivalente a la formación pedagógica y didáctica exigida para aquellas personas que, estando en posesión de una titulación declarada equivalente a efectos de docencia, no puede realizar los estudios de Máster (BOE de 12 de junio de 2013).

REAL DECRETO 476/2013, de 21 de junio, por el que se regulan las condiciones de cualificación y formación que deben poseer los maestros de los centros privados de Educación Infantil y de Educación Primaria (BOE de 13 de julio de 2013).

LEY ORGÁNICA 8/2013, de 9 de diciembre, para la mejora de la calidad educativa (BOE de 10 de diciembre de 2013).

REAL DECRETO 412/2014, de 6 de junio, por la que se establece la normativa básica de los procedimientos de admisión a las enseñanzas oficiales de Grado (BOE de 7 de junio de 2014).

REAL DECRETO 1105/2014, de 26 de diciembre, por el que se establece el currículo básico de la Educación Secundaria Obligatoria y del Bachillerato (BOE de 3 de enero 2015).

REAL DECRETO 21/2015, de 23 de enero por el que se modifica el Real Decreto 1614/2009, de 26 de octubre, por el que se establece la ordenación de las enseñanzas artísticas superiores reguladas por la Ley Orgánica 2/2006, de 3 de mayo, de Educación (BOE de 7 de febrero de 2015).

REAL DECRETO 22/2015, de 23 de enero, por el que se establecen los requisitos de expedición del Suplemento Europeo a los títulos regulados en el Real Decreto 1393/2007, de 29 de octubre, por el que se establece la ordenación de las enseñanzas universitarias oficiales y se modifica el Real Decreto 1027/2011, de 15 de julio, por el que se establece el Marco Español de Cualificaciones para la Educación Superior (BOE de 7 de febrero de 2015).

REAL DECRETO 665/2015, de 17 de julio, por el que se desarrollan determinadas disposiciones relativas al ejercicio de la docencia en la Educación Secundaria Obligatoria, el Bachillerato, la Formación Profesional y las enseñanzas de régimen especial, a la formación inicial del profesorado y a las especialidades de los cuerpos docentes de Enseñanza Secundaria (BOE de 18 de julio de 2015).

REAL DECRETO Legislativo 5/2015, de 30 de octubre, por el que se aprueba el texto refundido de la Ley del Estatuto Básico del Empleado Público (BOE de 30 octubre de 2015).

ORDEN HFP/688/2017, de 20 de julio, por el que se establecen las bases comunes que regirán los procesos selectivos para el ingreso o el acceso en cuerpos o escalas de la Administración General del Estado (BOE de 22 de julio de 2017).

REAL DECRETO 84/2018, de 23 de febrero, por el que se modifica el Real Decreto 276/2007, de 23 de febrero, por el que se aprueba el Reglamento de ingreso, accesos y adquisición de nuevas especialidades en los cuerpos docentes a que se refiere la Ley Orgánica 2/2006, de 3 de mayo, de Educación, y se regula el régimen transitorio de ingreso a que se refiere la disposición transitoria decimoséptima de la citada Ley (BOE de 24 de febrero de 2018).

LEY ORGÁNICA 3/2020, de 29 de diciembre, por la que se modifica la Ley Orgánica 2/2006, de 3 de mayo, de Educación (BOE de 30 de diciembre de 2020).

REAL DECRETO 309/2021, de 4 de mayo, por el que se aprueba el Reglamento de ingreso y promoción en las Fuerzas Armadas (BOE de 5 de mayo de 2021).

RESOLUCIÓN de 23 de diciembre de 2021, de la Secretaría General de Universidades, por la que se publica el Acuerdo del Consejo de Ministros de 7 de diciembre de 2021, por el que se determina el nivel de correspondencia al nivel del Marco Español de Cualificaciones para la Educación Superior del Título Superior de Música en todas sus especialidades (BOE de 1 de enero de 2022).

RESOLUCIÓN de 23 de diciembre de 2021, de la Secretaría General de Universidades, por la que se publica el Acuerdo del Consejo de Ministros de 7 de diciembre de 2021, por el que se determina el nivel de correspondencia al nivel del Marco Español de Cualificaciones para la Educación Superior del Título Superior de Danza en todas sus especialidades (BOE de 1 de enero de 2022).

REAL DECRETO 243/2022, de 5 de abril, por el que se establecen la ordenación y las enseñanzas mínimas del Bachillerato (BOE de 6 de abril de 2022).

ORDEN DEF/462/2022, de 20 de mayo, por la que se determinan las titulaciones requeridas para ingresar en los centros docentes militares de formación para acceso a las diferentes escalas de oficiales y suboficiales de las Fuerzas Armadas (BOE de 25 de mayo de 2022).

REAL DECRETO 628/2022, de 26 de julio, por el que se modifican varios reales decretos para la aplicación de la Ley Orgánica 3/2020, de 29 de diciembre, por la que se modifica la Ley Orgánica 2/2006, de 3 de mayo, de Educación, a las enseñanzas artísticas y las enseñanzas deportivas, y la adecuación de determinados aspectos de la ordenación general de dichas enseñanzas (BOE de 27 de julio de 2022).

REAL DECRETO 187/2023, de 21 de marzo, por el que se modifica el Real Decreto 860/2010, de 2 de julio, por el que se regulan las condiciones de formación inicial del profesorado de los centros privados para ejercer la docencia en las enseñanzas de Educación Secundaria Obligatoria o de Bachillerato, y se establece, a efectos de continuidad de la actividad docente en estos centros, la correspondencia entre determinadas materias (BOE de 22 de marzo de 2023).

REAL DECRETO 678/2023, de 18 de julio, por el que se regula la acreditación estatal para el acceso a los cuerpos docentes universitarios y el régimen de los concursos de acceso a plazas de dichos cuerpos (BOE de 6 de septiembre de 2023).

LEY 1/2024, de 7 de junio, por la que se regulan las enseñanzas artísticas superiores y se establece la organización y equivalencias de las enseñanzas artísticas profesionales (BOE de 8 de junio de 2024).

Esta edición de *Tus estudios de música, un abanico de posibilidades profesionales*, de Joaquín Castells Canet, terminó de imprimirse en septiembre de 2024.